영적 지도자가 되려는 사람들을 위한 안내서

# 가족의 영혼을 돌보는 리더
## Soul Provider

팀 엘모어 지음 | 김낙환 옮김

# SOUL PROVIDER

by Tim Elmore

www.GrowingLeaders.com

## 가족의 영혼을 돌보는 리더

초판 1쇄 2010년 8월 2일

팀 엘모어 지음
김낙환 옮김

**발 행 인** | 신경하
**편 집 인** | 김광덕

**펴 낸 곳** | 도서출판 kmc
**등록번호** | 제2-1607호
**등록일자** | 1993년 9월 4일

(100-101) 서울특별시 중구 태평로1가 64-8 감리회관 16층
        (재)기독교대한감리회 출판국
**대표전화** | 02-399-2008    **팩스** | 02-399-4365
**홈페이지** | http://www.kmcmall.co.kr
        http://www.kmc.or.kr
**디자인 · 인쇄** | 밀알기획(02-335-6579)

값 10,000원
ISBN 978-89-8430-471-0  03230

✻

훌륭한 영적 지도자가 되기 위해 배우고 있는 나를
조건 없는 사랑으로 감싸주고, 훌륭한 실험실을 제공해 준
아내이자 여자친구인 팜(Pam)에게 이 책을 바칩니다.

✻

# 추천의 글

서점에 가보면 발걸음을 멈추게 하는 책이 많이 있다. 대개는 자기개발과 관련한 책들인데 이러한 것들은 대부분이 저자 자신의 수익성으로부터 시작되는 책이라고 해도 과언이 아닐 것이다. 그러나 이 책은 사람들이 흔히 말하는 것처럼 "당신은 그렇게 되기를 원한다"는 식의 책이 아니다. 이 책은 영적 지도자가 되려는 사람들을 신실함과 열정으로 안내하는 안내서다. 팀 엘모어는 그러한 열정을 가지고 이 책을 완성하였다.

팀 엘모어가 이 책에서 완성한 일은 그의 타고난 영적 지도력의 기질과 사람들에게 성공적으로 전이되는 영적 지도력이 가지는 원칙들의 선포라고 할 수 있다. 글을 쓰는 작가로서 팀을 생각할 때 내 마음에 떠오르는 단어가 있다. 그것은 '열정'(passion)이다. 팀은 이 책의 독자들이 예수 그리스도와 풍성한 관계를 맺을 수 있도록 자극하고 있다. 자신이 예수 그리스도를 따르는 만큼 다른 사람들도 자신이 섬기는 그 예수를 따르도록 강요하고 있다. 좋은 지도자가 된다는 것은 본받고자 하는 모델을 훌륭하게 따라가는 것과 같기 때문이다.

주님의 몸인 교회는 영적 지도력을 필요로 한다. 특별히 자신감 넘치는 남성의 리더십을 더욱 원한다. 사람들은 왜 그렇게 리더십이 부족한가? 만약에 리더십을 가격으로 계산할 수 있다면 교회는 리더십의 부족함을 메우기 위하여 공동 책임을 지고 비싼 대가를 치러야 할 것이다. 만약에 리더십이 과정이라면 그것이 무엇이든지 간에 이러한 영적 지도력의 결핍은 교회를 무기력하게 하며 세상에 대한 영향력을 감소하게 만들 것이다.

지도력에 관한 강연을 하기 위해 전국을 여행하면서 나는 이 주제에 관하여 많은 질문을 하였다. "지도자로서 나는 어떻게 간주되고 있는가?" "어떻게 하면 다른 사람의 지도력을 발전시킬 수 있는가?" "왜 사람들은 지도력을 발휘할 기회를 회피하는가?" 하는 질문들이었다. 그러나 나의 마음에 가장 와 닿는 질문은 아내들이 하는 질문이었다. "왜 가정에서 나의 남편이 영적 지도자가 될 수 없습니까?" 오늘날 각 가정과 교회들은 신실한 남성의 권위를 필요로 하고 있다. 나는 효율적인 남성의 영적 지도력은 조상으로부터 물려받는 유산이 아니며, 지도력의 원리를 통하여, 경험을 통하여 배울 수 있는 진리라는 것을 관찰하게 되었다.

만약에 영적 지도력이 배울 수 있는 것이라면 왜 영적 지도력이 부족한 것일까? 마태복음 28장 18~20절을 보면 예수께서 "모든 권세"(all authority)를 받으셨다는 것을 알게 된다. 하나님께서는 예수 그리스도를 믿는 사람들에게도 그와 같은 권세를 갖는 것을 허락하셨다. 그러나 오늘날 우리 믿는 사람들은 예수 안에서의 특권과 동떨어진 삶을 살고 있다. 우리는 지금 성령께서 주시는 은사들을 적절하게 소유하지 못하고 있다. 변화의 두려움, 실패의 두려움, 그리고 고통이 가져다주는 두려움 등이 우리의 마음과 믿음을 무력하게 하는 것이다. 나에게는 간절한 바람이 있다. 이 책이 당신의 마음과 생각을 사로잡게 되기를 바란다. 욕구와 지식은 서로가 서로에게 끌린다는 점에서, 또한 강하게 결합한다는 점에서 훌륭한 동반자가 될 수 있다. 이 책은 주님의 몸 된 교회 안에서 경험 많은 베테랑이든 혹은 미숙한 젊은이든 상관없이 누구나 실생활에 적용할 수 있는 원리들과 지은이의 신실한 열정이 잘 결합되어 있다. 하나님의 나라를 위하여 당신의 지도력을 계속해서 확장하기를 원한다면 당신은 이 책을 읽어야 한다. 어떤 사람은 당신을 관찰하고, 어떤 사람은 당신을 따르고, 어떤 사람은 당신을 모델로 삼게 될 것이다. 나는 당신이 이러한 영적 여행을 시작하면서 이 세상에서 중요하고도 영향력이 있는 영적 지도자가 되기를 격려해 주고 싶다. 주님의 교회와 영광을 위하여!

**존 맥스웰** 목사(스카이라인 웨슬리안 교회)

## 이 책을 읽는 이들에게

어떤 사람들이 이 책이 목표로 하는 독자 계층인지 솔직하게 말하겠다. 넓은 의미에서 이 책은 남성이든 여성이든, 젊은이든 노인이든, 혹은 기혼이든 미혼이든 상관하지 않는다. 누구든지 영적 지도자가 되기를 간절히 원하고 사모하는 사람들을 위하여 썼다. 이 책은 서로 다른 여러 타입의 사람들에게 성공적으로 사용되어 왔다. 그러므로 이 책을 읽는 사람들은 책의 내용이 자신들의 삶에 도움이 되며 꼭 필요하다는 사실을 발견하게 될 것이다.

그러나 내가 희망하는 것은 이 책을 읽는 모든 독자들이 책에 담겨 있는 모든 진리들을 깨닫고 자신의 진리로 삼아서 책에서 말하는 영적 지도자의 삶을 살게 되는 것이다. 오늘날 일반적인 문화와 사회 속에서 남성이 영적 지도자로서 살아간다는 것은 어울리지 않고, 위협적이며, 무시당하는 일처럼 느껴지기도 한다. 이것은 영적 지도자로서의 모델이 될 만한 존재가 우리에게 거의 없었다는 말도 된다. 관계를 맺는 데 있어서 남성들이 갖는 수동적인 태도는 가정을 깨지게 하며, 일에 있어서 비인간적이게 하며, 건강하지 못한 교회가 되게 한다.

나는 이 책이 최소한 다음의 네 가지 경우에 사용되기를 바란다.

첫째, 당신의 개인적인 연구다. 이 책을 개인적으로 읽고 책의 내용에 반응해 보기를 바란다. 그리고 책에서 제안하고 있는 생각들을 실천하여 보라.

둘째, 파트너와 더불어 책임적인 협력 관계를 맺는 것이다. 두 사람 혹은 세 사람이 조를 이루어 이곳에 소개된 교훈들을 시행하는 것이다.

셋째, 작은 모임에서 토론을 위하여 사용할 수 있다. 교회 안에서 규칙적으로 모이는 작은 모임을 만들고 평안한 분위기에서 이 책의 내용들을 서로 토론하는 것이다.

넷째, 교회학교 수업 시간에 사용할 수 있다. 화목한 가정을 위한 기혼자 수업이나 혹은 결혼을 준비하는 미혼자들의 수업에서 기간을 정해 연속적으로 이 책의 내용을 가르칠 수 있다.

당신이 어떤 것을 택하여 어떻게 시행하든지, 나는 당신이 주어진 진리들을 이행할 것을 결심하고, 당신의 영향력 아래 있는 사람들에게 실제적인 영적 지도자가 되기를 바란다.

저자 **팀 엘모어**

# 역자의 글


팀 엘모어(Tim Elmore)는 내가 미국에서 유학할 때 아주사 퍼시픽 대학교(Azusa Pacific University)에서 한 학기 동안 영적 지도력이란 과목을 가르쳐주신 교수님이다. 그 수업에 참여하면서 그분이 보여주신 영적 지도자로서의 학문과 신앙 그리고 인품에 매료되어 나도 저분과 같은 영적 지도자가 되었으면 하고 소망하였다. 그분을 통하여 이러한 학문에 접하는 기회를 가질 수 있었던 것을 지금도 감사하게 생각하고 있다. 그분은 강의시간에 오늘날 강연자로, 학자로서 미국 교계의 영적 지도력 분야를 이끌어 가시는 존 맥스웰(Dr. John Maxwell) 박사를 소개해 주셨는데, 후에 로스앤젤레스 지역의 파사데나(Pasadena)에서 열린 그분의 세미나에 참석하였던 경험은 내게 큰 도전이 되었다.

팀 엘모어 교수는 수업시간에 자신의 책 몇 권을 소개하였다. 책의 내용에 매료된 나는 이 책을 한국 교회 지도자들에게 소개하자고 제안하였다. 그는 조금의 망설임도 없이 쾌히 승낙하여 주었고 그렇게 해서 팀 엘모어의 「멘토링」(*Mentoring*, 도서출판 진흥)이 한국에 소개되었다. 그리고 「가족의 영혼을 돌보는 리더」(*Soul Provider*)가 이제 두 번째로 한국에 소개된다. 주변의 많은 목사님들이 이 책을 보고 참으로 좋은 내용이라고 격려하여 주셨다. 이 책을 한국 교회에 소개하는 것은 개인적으로 큰 기쁨이고 영광이다. 이 두 권의 책으로 말미암아 한국 교회도 영적 지도력 분야에 많은 관심을 기울이고 있음을 확인하는 계기가 되었다.

사람의 영혼을 돌보는 일은 쉬운 일이 아니다. 많은 희생과 연구를 요구한다. 영적 지도력과 관련된 학문을 공부해 오면서 앞으로 영적 지도자를 세워 나가는 일은 한국 교회가 반드시 해야 할 일이라는 믿음을 갖게 되었다.

오늘날 한국의 많은 기독교인들이 믿음의 형식은 갖추고 있으나 내용이 빈약한 경우가 많다. 영적 지도자가 되고는 싶지만 어떻게 영적인 지도자가 되는 것인지 알지 못해서 영적 지도자의 역할을 수행하지 못하는 경우가 많이 있다. 이런 분들에게 이 책은 큰 도움이 될 수 있을 것이다. 이 땅에 많은 영적 지도자들이 배출되어 참으로 아름다운 가정들과 건강한 교회들이 세워지는 것이 나의 간절한 소망이다.

책을 번역하는 동안 격려하고 기다려준 사랑하는 아내와 카이스트 (KAIST) 대학원 연구실에서 열심히 연구 활동을 하는 사랑하는 아들 영래, 한동대학을 졸업하고 이제는 직장인이 되어 성실하게 직장생활을 하는 딸 나래에게 아빠의 사랑과 고마운 마음을 전한다. 그리고 나를 영적 지도자로 알고 열심히 교회를 섬기고 따라주는 엘림교회의 모든 믿음의 가족들과 매주일 나의 강의를 경청하고 있는 목원대학 신학대학원 대학원 학생들, 인천 성서 아카데미 학생들, 감리교 남부연회 남부신학원 학생들과 배재대학과 한동대학의 모든 학생들에게도 사랑의 마음을 전한다.

2010년 8월
엘림교회 목양실에서 **김낙환** 목사

# 차례

# 왜 나는 항상 어려운 일을 하려 하는가?

영적인 분야, 이 한 분야만 제외하고
사람들은 거의 모든 삶의 영역에서
자신들이 얼마나 탁월한 사람인지를 고백하곤 한다.

다음에 소개하는 이야기는 당신이 쉽게 상상할 수 있는 장면이다.

한 청년이 혼란스러운 얼굴로 나의 사무실에 앉아 있었다. 그에게는 결혼을 약속한 약혼녀가 있었다. 그러나 그는 약혼자와의 관계에 있어서 몇 가지 고민이 있었다. 그들은 충분한 연애기간을 거쳤기 때문에 자신들이 참된 사랑을 하고 있다고 믿었다. 그러나 그것은 노력을 기울여야만 하는 일이었다. 스트레스를 많이 받게 된 청년은 둘의 관계가 변화와 성장을 위해 풀어야 할 문제가 많다는 것을 알게 되었다.

청년의 이야기를 끝까지 들은 나는 결론을 이끌어냈다. 마치 그가 가지고 있는 문제를 해결할 수 있는 열쇠를 발견한 사람처럼, 그가 몇 년간 고민해 온 문제들의 정답을 발견한 사람처럼 나는 이렇게 말하며 빙그레 웃었다. "그것은 아주 간단한 문제입니다. 당신은 영적 지도자(spiritual leader)가 될 필요가 있습니다." 나는 지금도 이러한 나의 견해가 옳다고 믿고 있다. 그는 약혼자에게 영적 지도자가 되어야 할 필요가 있다. 그러나 나의 기대와 달리 그의 반응은 그냥 시큰둥한 것이었다.

"그러한 답변은 제 주위의 그리스도인들에게 수없이 들어왔습니다. 그러나 나는 이제까지 한 번도 어떻게 하면 영적 지도자가 될 수 있는지에 대해 구체적으로 들어보지를 못하였습니다."

내가 그에게 이러한 말을 듣는 것은 지극히 당연한 일이었다. 그의 말은 전적으로 옳았다. 나는 사람들에게 어떻게 하면 영적 지도자가 되는 것인지, 또 왜 영적 지도자가 되어야 하는지에 대해서는 설명하지 못하고 단지 영적 지도자가 되어야 한다고만 주장하였던 것이다.

그러나 이제 나는 그러한 나의 충고와 관련하여 무엇을 어떻게 해야 할 것인가를 깨닫게 되었다. 그 '무엇'에 해당하는 것이 바로 이 책의 주된 내용이다. 이 책에서 나는 '영적 지도자'란 단어가 무엇을 의미하는지 정의해 보았다. 이 정의를 확실하게 하기 위하여 성경적인 기초들을 세워보고, 가장인 남편이 아내와 자녀들에게 또한 교회와 일터에서 어떻게 하면 영적 지도자가 될 수 있을지에 대한 실제적인 통찰력을 주려고 한다.

이 책을 통하여 나는 다음과 같은 질문을 하려고 한다.

- 하나님께서 남성들에게 또한 남편들에게 기대하시는 것은 무엇인가?
- 영적 지도자로서의 자질을 어떻게 향상할 수 있을 것인가?
- 사람들과의 관계에 있어서 남성으로서 다른 사람을 인도한다는 것이 왜 어려운가?
- 어떻게 하면 진실한 영적 지도자가 될 수 있고, 또한 진실한 영적 지도자로서 살아갈 수 있는가?
- 영적 지도자는 어떠한 일을 하는 사람인가?

이어지는 장들에서 나는, 위험과 보상으로 가득 찬, 성장을 위한 흥미로운 모험을 하게 될 것이다. 나는 당신이 영적 지도자의 과정에서 초보자이며, 이 내용들을 습득하는 데 많은 힘을 소모하지 않도록 이 책을 재미있는 내용들로 구성하려고 노력하였다. 그러므로 이 책은 바로 당신을 위한 책이 될 것이라고 나는 믿고 있다. 각 장은 당신의 생각과 결론을 기록하고, 읽은 것을 적용하도록 구성하였다. 그리고 각 장 마지막에 있는 '라이프스타일 향상시키기'라는 코너를 통해, 당신은 인간관계 속에서 영적 지도자가 되기 위한 실제적인 상황들을 훈련하게 될 것이다. 나는 당신이 이러한 적용의 문제를 받아들일 수 있기를 바란다. 영적 지도력의 문제는 단지 머릿속으로만 인식하는 것 이상이다. 영적 지도자의 삶에 있어서 당신이 무엇을 알고 있는가는 그리 중요한 것이 아니다. 당신이 무엇을 행하는가가 더욱 중요하다.

이 책에서 다루는 적용의 문제들은 아내 혹은 약혼자와 같이 서로 헌신된 관계 안에서 시행할 수 있도록 구성되었다. 그래서 만약에 당신이 미혼이라면 훈련을 위해서 주변 인물 가운데 한 명을 선택할 것을 권한다. 선택받은 그 사람이 이 책을 통하여 훈련하게 될 일들의 책임자가 되게 하라. 이 장의 마지막 부분에 그 사람의 이름을 기록할 공간을 남겨 두었다.

이 책을 통하여 당신은 영적 지도자의 필요성을 느끼게 되거나 아니면 당신의 삶에 도움이 될 거라는 주변 사람들의 제안 때문에 영적 지도자로서의 여행을 시작하게 될 것이다.

여기서 잠깐 쉬는 시간을 갖기 바란다. 그리고 하나님께서 원하시는 사람이 될 수 있도록 하나님께 기도하여라.

## 1. 어려운 일

나는 목사로서 이처럼 중요한 주제와 관련된 글이 많지 않다는 사실에 놀랐다. 영적 지도자에 대하여 기록한다는 것은 어려운 일이며 영적 지도자로서 살아가는 것은 더욱 어려운 일이다. 오늘날의 교회들은 사람들이 영적 지도자의 삶을 살아갈 수 있도록 하는 어떤 사역도 제공하지 못하고 있다. 이러한 주제들에 관하여 대부분이 피하여 온 것이다. 그 이유는 '영적 지도자의 역할'에 대하여 확신 있게 말할 수 있는 자료들이 부족하고, 영적 지도자가 된다는 것을 정확하게 열거하는 것이 어려운 일이기 때문이다. 그러나 이러한 자료가 부족하다고 해서 이 책을 쓰게 된 것은 아니다.

이제 나는 이 시대에 영적 지도자가 되는 것이 왜 중요한지에 대하여 당신과 나누려고 한다. 다음에 소개하는 것들은 그 동안 내가 관찰해 온 네 가지 이유들이다.

### 1) 영적 지도자의 역할은 감당하기가 어렵다

오늘날 우리 세대에서 영적 지도자로 살아가는 것은 어려운 일이다. 그 이유는 우리가 부도덕하고 경건하지 못한 사회에 살고 있다는 것뿐만 아니라 1960년대에 세워진 리더십과의 차이 때문이라고 할 수 있다. 이 기간 동안 미국 사회는 지도력을 회피하는 것처럼 보였으며 데모나 그룹토론 등이 지도력의 주류를 이루고 있었다. 그 결과 오늘날의 남성들에게 강력한 지도력이 결여되었다.

우리에게 영적 지도력을 보여줄 만한 적절한 모델이 없었기 때문에 사람들은 영적 지도력이 어떻게 행사되어야 하는지를 모른다. 그 동안 우리는 도덕적으로 타락한 정치 지도자들을 많이 보아 왔다. 종교 지도자들과 텔레비전에 등장하는 전도자들이 도덕적으로 무너지는 모습도 많이 보았다. 또 경제 지도자들의 가난한 사람들에 대한 무자비한 모습도 많이 보았다. 그보다 더 심각한 것은 미국의 절반 이상의 가정들이 깨어지고 있다는 것이다.

## 2) 영적 지도력은 여성들에 의하여 요청되고 있다

한 세대를 지나는 동안에 여성들이 요청하는 남성 상을 관찰해 보는 것은 참으로 흥미로운 일이다. 이혼의 아픔이 있는 우리 교회의 어느 여성이 내게 이렇게 말한 적이 있다. "우리의 남성들을 다시 강하게 만들어 주세요. 남성들은 때로는 너무 거만하고 때로는 너무 약합니다. 어떻게 여성을 인도하고 사랑해야 하는지(How to both lead and love?) 알고 있는 남성은 없습니까?"

잘 알려진 칼럼리스트 애비(Dear Abby)는 다음과 같은 편지 한 통을 받았다. "저는 미혼이고 제 나이는 올해 40입니다. 저는 나쁜 습관이 없는 동갑내기 남성을 만나고 싶습니다." 애비는 이 편지에 아주 간단하게 대답하였다. "저도 그런 남성을 만나고 싶습니다."

그것은 사실이다. 남성들은 지배적이거나 혹은 수동적이거나 한 가지 성품에만 너무 치우치는 경향이 있다. 나의 친한 친구인 데니스(Denis)가 한 번은 이렇게 말하였다. "우리 여성들은 진정으로 영적 지도자가 되기를 원하는 남성들에 목말라 있습니다. 그러나 어떻게 영적 지도자가 되는지를 아는 사람들이 너무나 적기 때문에 차라리 여성들이 남성과 여성의 관계를 책임지려는 경향이 있습니다."

또 다른 여성인 킴(Kim)은 자신의 약혼자에 대하여 이렇게 말하고 있다. "나는 지금 영적 지도자와 관계를 맺고 있습니다. 나는 그가 영적 지도자로서 잘못 하는 것을 보지 못하였습니다. 그의 온화하면서도 강력한 지도력은 내가 전에는 경험해 보지 못한 친밀감과 안정을 줍니다. 그는 한 인간으로서 내게 많은 투자를 합니다. 그리고 그것은 그 사람과 사랑을 주고받는 가장 강력한 방법입니다."

### 3) 영적 지도력은 남성들에게 뜨거운 논쟁거리다

교회 안에서 믿음의 형제들과 함께 여행할 기회가 생기면 나는 가끔 이러한 질문을 던지곤 한다. "지금 여러분의 삶에 가장 필요한 것은 무엇입니까?" 미혼이든 기혼이든 대부분의 사람들은 "제 자신이 영적 지도자가 되는 것이 필요합니다"라고 대답한다.

나는 가끔 영적 지도력을 제외하고는 거의 모든 영역에서 뛰어나다고 말하는 성공한 사람들을 만나게 된다. 그들은 자신들이 잘 감당할 수 있는 분야에서 성공하기를 원하기 때문에 가정을 인도하는 일에 시간을 사용하기보다는 자신들의 일터에서 더 많은 시간을 보낸다.

나는 샌디에이고(San Diego)에서 목회 사역을 할 때에 사람들을 관찰해 본 일이 있다. 그 결과 사람들이 마음속으로 원하는 사람이 되기 위해서는 모델이 필요하다는 것을 알았다.

첫째로, 나는 영적으로 갈급해 하는 사람들을 보았다. 그들은 분명하게 누군가 지도력과 다른 사람들과의 신실한 관계 형성을 보여 주기를 바란다. 내가 지금 글을 쓰는 이 순간에도 나의 책상은 이러한 일들을 요청하는 편지들과 또한 내가 보내준 자료들로 인해서 감사의 마음을 전하는 편지들이 산더미처럼 쌓여 있다. 그러나 나 자신이 전문가라고 생각하지 않기 때문에 이 일을 감당하는 것이 나에게도 약간은 겁나는 일이다.

둘째로, 남성들은 자신이 영적 지도자가 된다는 것에 대하여 부적절한 느낌을 갖는다. 그들은 자신들이 영적인 사람으로 변화되는 데 도움을 받지 못하고 있으며, 원하는 대로 살아가지 못하는 것에 대하여 일종의 죄의식을 가지고 있다.

셋째로, 나는 많은 남성들에게서 두려움과 위협을 보았다. 그들은 영적 지도자가 되면 자신이 원치 않는 일과 불가능한 일을 요구받을까 봐 영적 지도자가 된다는 것의 의미를 알게 되는 것을 지레 두려워하고 있다.

### 4) 영적 지도력은 교회 안에서 절대적으로 필요하다

나는 이러한 진리에 대하여 자세하게 말할 필요가 없다고 생각한다. 미국의 개신교회, 특별히 복음적인 교회들 안에서 여자들보다 남자들이 적고, 실제적으로 교회 안에서 사역에 참여하며 영적 지도자로서 활동하는 남성들이 더욱 적은 것이 사실이다.

어떤 사람이 한 번은 이렇게 말한 적이 있다. "만약에 우리의 목회 사역에서 성령의 역사를 제거한다면 교회 활동의 95%는 변화되지 않은 채 계속될 것이다." 우리는 세상적이며, 육신적인 것들의 지배를 받는 일로부터 벗어난 영적인 믿음의 사람을 세워야 한다. 가정과 교회 안에 세상의 프로그램이나 정책들보다 영적인 일을 귀하게 여기고 그 일을 이해하는 믿음의 사람들을 세워야 한다. 이 세상에서, 영적으로 모델이 될 만한 삶을 살아가는 믿음의 사람들을 세워야 한다.

한 가지 반가운 소식이 있다. 그것은 위에 말한 네 가지 문제들이 모두 해결 가능하다는 것이다. 내가 분명하게 믿는 것이 있다. 하나님께서는 이 세대의 남성들을 영적 지도자로서 세우기를 원하신다는 것이다. 그렇게 되면 교회 안에는 변화가 일어나게 될 것이다. 영적 지도자들은 변화의 중개자가 될 것이다. 영적 지도자들이 세워지게 될 때 그들의 사업은 새로운 모습으로 변화될 것이며, 그들이 속한 가정들은 자신들이 원래 의도했던 방식대로 다시 세워지게 될 것이다.

이 책의 핵심적인 내용으로 들어가기 전에 내가 받은 격려의 편지를 한 통 소개하겠다. 남편이 리더십 세미나에 참여한 뒤에 가지고 온 자료들을 읽었던 한 여인이 쓴 것이다. 이 글이 당신의 흥미를 자극할 수 있게 되기를 바란다.

친애하는 팀 목사님,
나의 남편은 지난 가을 당신의 리더십 세미나에 참여하였습니다. 내가 이 편지를 쓰는 것은 그 세미나가 그와 우리 가정을 어떻게 변화시켰는지를 말씀드리기 위함입니다.
세미나에 참석한 이후로 그이는 정말로 변화되었습니다. 그리고 지금도 계속해서 변화되고 있습니다. 그는 세미나에서 배운 가르침들을 마음속에 담고 있습니다. 그리고 하나님께서는 그의 리더십을 통하여 믿을 수 없을 정도로 우리 가정을 축복하셨습니다. 우리 가정은 전적으로 새로운 리더십을 갖게 되었습니다.
우리는 스무 살쯤에 비(非)그리스도인들로서 결혼하였습니다. 나는 1987년 6월에 주님을 영접하였습니다. 1988년 9월은 우리의 결혼 9주년 기념일이 가까운 달입니다. 이 세미나에 참석하기 전까지 그의 지도력은 세워지지 않았고 균형도 잡히지 않았습니다. 그러나 지금은 아주 달라졌습니다.
이처럼 그에게 인생의 변화가 가능했던 가르침을 주신 것에 대해 감사

드립니다. 그는 벌써 동료들과 함께 자신이 세미나를 통하여 배운 것을 나누고 있습니다. 나는 그이가 이 일을 계속 해서 할 수 있기를 바라고 있습니다.

다시 한번 진심으로 감사드립니다.


## 2. 적용

당신은 먼저 이 공부를 시작하면서 당신 주변에 있는 이들 가운데 다음과 같은 사람이 누구인지를 규정해야 한다.

- 당신을 잘 아는 사람
- 성숙하고 객관적인 사람
- 당신에게 솔직하게 이야기할 수 있는 사람
- 당신 가까이에 사는 사람

"성공이란 당신 가까이에 믿을 만한 사람을 갖는 것"이란 말이 있다. 당신이 가장 신뢰할 만한 사람을 선택하라. 당신의 아내나 약혼자 혹은 여자친구가 될 수도 있다. 때로는 가장 믿을 만한 친구가 될 수도 있다.

그 사람의 이름을 다음의 빈칸에 기록하라.

---

다음 장에서부터 이 사람은 이제 당신의 '파트너'로서 언급될 것이다.

# 2 영적 지도자의 태도

성경은 우리에게
남편들이 가정과 교회에서
영적 지도자가 되어야 한다고
분명하게 가르쳐주고 있다.

나는 친구와 함께 나를 여러 번 웃게 만들었던 신문 기사에 대하여 이 야기를 나누었다.

한 젊은 엄마가 세 자녀를 자동차 뒷자리에 태우고 시내로 일을 보러 나갔다. 그날은 몹시 더웠기 때문에 이 젊은 엄마는 아이들에게 얌전히 있으라고 말하고, 패스트푸드점 '웬디스'(Wendy's Restaurant)에 들어가 서 햄버거와 감자튀김, 그리고 음료수를 구입한 뒤 선물로 주는 어린이용 장난감을 받았다. 자동차 안에서 아이들에게 각자의 음식을 나누어 줄 때 한 아이가 엄마에게 이렇게 소리쳤다. "엄마, 내 봉투에는 햄버거가 없어 요." 그녀는 봉투를 들여다본 뒤에야 햄버거가 없다는 사실을 알게 되었 다. 그날의 일정은 매우 바빴기 때문에 이 일은 매우 낭패스러운 일이었 다. 그래서 재빨리 차를 돌려 웬디스로 가서 주차를 하고 문제의 봉투를

집어 들고 식당 안으로 들어갔다. 그녀는 카운터 뒤에 있는 점원에게 무뚝뚝하게 말하였다.

"나는 방금 전에 이곳에서 어린이세트를 구입했어요. 그런데 이 봉투에는 햄버거가 들어 있지 않았어요!" 갑작스런 여인의 항의에 놀란 점원은 그 자리에 그대로 서 있었다. 여인은 더욱 큰 소리로 말하였다. "내가 말하잖아요. 방금 전에 이곳에서 어린이세트를 구입했어요. 그런데 방금 구입한 이 봉투에 햄버거가 들어 있지를 않았어요. 그러니 당장 햄버거를 넣어주세요!" 당황한 점원은 얼른 주방으로 달려가 햄버거를 가지고 와서 봉투에 넣어주다가 깜짝 놀랐다. 그 봉투는 '웬디스'의 것이 아니라 '맥도날드'의 것이었기 때문이다.

이 기사를 읽고 나는 웃지 않을 수가 없었다. 그리고 친구에게 이렇게 말하였다. "여보게 친구, 우리가 분명한 목적을 갖고 있을 때 그것을 달성할 수 있다는 것은 얼마나 놀라운 일인가?" 분명한 목적을 갖는 것은 그 일을 달성할 수 있게 하며, 사람과 사업을 성장하게 하는 원동력이 된다.

사실 이 단원은 목적과 관련한 단원이다. 이 단원에서 나는 영적 지도력에 관한 성경적 근거들을 살펴보게 될 것이다. 그리고 영적 지도력을 정의하고, 어떤 것이 영적 지도자의 모습이고 또 어떤 것이 영적 지도자의 모습이 아닌지를 설명하려고 한다. 영적 지도력에 관한 이 단원에 담겨진 내용들로 인하여 하나님의 목적에 당신의 삶을 맞출 수 있기를 바란다.

이제 성경의 내용으로 직접 들어가 보기로 하자.

# 1. 성경적인 기초 세우기

성경은 남편들이 그들의 가정 안에서 영적 지도자가 되어야 한다고 분명하게 말하고 있다. 또한 성경은 교회 안에서도 남성들이 영적 지도력을 가져야 함을 분명하게 제시하고 있다. 이러한 말들은 남성들이 여성에 비하여 더욱 영적이라는 의미가 아니다. 때때로 이러한 말은 그 반대의 상황으로 나타나기도 하는데 요즈음은 교회 안에서 여성들이 지도자로서의 자리(position)를 차지하는 것이 더욱 용이하기 때문이다. 뿐만 아니라 여성들은 우리나라 전역에 흩어져 있는 교회들 안에서 비어 있는 영적 지도자의 자리를 채우기도 한다. '영적 지도자' 라는 단어는 간단히 정의하면 다음과 같다.

> 영적 지도자란 한 그룹이나 사람들 사이의 관계를 맺는 일에 있어서 그 사람들의 영적 건강을 자신의 책임으로 떠맡은 사람이다.

이 말이 무엇을 의미하는지에 대하여 나중에 더 논의하도록 하겠다. 성경을 연구한 후에 당신은 성경적 근거에 뿌리를 둔 영적 지도자의 정의에 관하여 확신을 갖게 될 것이며, 그러한 사람이 된다는 것이 얼마나 중요한지를 알게 될 것이다.

다음의 성경 구절들을 소개하는 것은 조정자로서 남성에 대해 비현실적인 이미지를 갖지 않기를 바라기 때문이다. 남성들은 관계를 맺는 데 있어서 가끔 수동적이기를 원하지만, 성경은 하나님께서 남성들이 수동적인 사람이 되기를 원치 않으신다는 것을 보여준다. 하나님은 남성들이 다른 사람을 돌보고 사랑하는 데 있어서 주도적이 되기를 원하신다. 바로 이것이 처음부터 당신이 의도적으로 해야 할 역할이다.

## 1) 성경적 근거 1

"여호와 하나님이 땅의 흙으로 사람을 지으시고 생기를 그 코에 불어 넣으시니 사람이 생령이 되니라"(창 2:7).

"여호와 하나님이 이르시되 사람이 혼자 사는 것이 좋지 아니하니 내가 그를 위하여 돕는 배필을 지으리라 하시니라 여호와 하나님이 흙으로 각종 들짐승과 공중의 각종 새를 지으시고 아담이 무엇이라고 부르나 보시려고 그것들을 그에게로 이끌어 가시니 아담이 각 생물을 부르는 것이 곧 그 이름이 되었더라 아담이 모든 가축과 공중의 새와 들의 모든 짐승에게 이름을 주니라 아담이 돕는 배필이 없으므로 여호와 하나님이 아담을 깊이 잠들게 하시니 잠들매 그가 그 갈빗대 하나를 취하고 살로 대신 채우시고 여호와 하나님이 아담에게서 취하신 그 갈빗대로 여자를 만드시고 그를 아담에게로 이끌어 오시니 아담이 이르되 이는 내 뼈 중의 뼈요 살 중의 살이라 이것을 남자에게서 취하였은즉 여자라 부르리라 하니라 이러므로 남자가 부모를 떠나 그의 아내와 합하여 둘이 한 몸을 이룰지로다 아담과 그의 아내 두 사람이 벌거벗었으나 부끄러워하지 아니하니라"(창 2:18~25).

- 하나님은 흙으로 남성을 지으시고 남성으로부터 여성을 지으셨다.
- 하나님이 여성을 지으신 본래 목적은 돕는 자, 동반자 그리고 남성의 부족한 부분을 채우는 것이다.
- 하나님께서는, 남성은 여성 없이는 잘살 수 없으며 여성은 남성 없이는 못살 것이라고 생각하신다.

어떻게 하면 오늘날 남성과 여성이 이 성경 구절을 적절하게 이해하고 대답할 수 있을까?

## 2) 성경적 근거 2

"여자는 일체 순종함으로 조용히 배우라 여자가 가르치는 것과 남자를 주관하는 것을 허락하지 아니하노니 오직 조용할지니라 이는 아담이 먼저 지음을 받고 하와가 그 후며 아담이 속은 것이 아니고 여자가 속아 죄에 빠졌음이라 그러나 여자들이 만일 정숙함으로써 믿음과 사랑과 거룩함에 거하면 그의 해산함으로 구원을 얻으리라"(딤전 2:11~14).

- 하나님께서는 사도 바울을 통하여 에덴동산에서 어떤 일이 일어났는가를 우리에게 말씀하시고 있다.
- '권위'(authority, NASB)는 하나님께서 어떤 사람에게 부여하여 주신 권리와 힘을 말한다. 이것은 우월하다는 것이 아니라 바로 책임의 자리(position of responsibility)를 말한다. 그리고 이것은 남성에게 주어진 것이다.
- 아담은 이 권위의 자리를 받았다. 왜냐하면 그가 먼저 창조되었기 때문이

며 하나님께서 그 권위의 자리를 주시기 위하여 그를 택하셨다.

당신의 생각을 정리해서 적어보세요.

이 성경 구절들은 오늘날 남성들에 의하여 어떻게 남용되고 있는가? 본문이
요구하는 진리에 균형 있게 반응하려면 어떻게 해야 하는가?

하나님께서 남성들에게 책임 있는 자리를 맡기신 것처럼 하나님께서
는 여성들에게도 그 자리를 주실 수 있다는 것을 알아야 한다. 남성들이
여성들보다 더 영적인 것은 아니다. 하나님은 여러 계층의 다양한 리더십
을 요구하는 세상을 창조하셨다(세상 자체, 국가, 교회, 가정 등). 그리고 그
러한 최고의 자리에 남성을 두신 것이다.

### 3) 성경적 근거 3

"누구든지 자기 친족 특히 자기 가족을 돌보지 아니하면 믿음을 배반
한 자요 불신자보다 더 악한 자니라"(딤전 5:8).

• 이 성경 구절은 남성이 한 가문에서 그 가족의 부양자가 되고 그 가족을
돌보는 사람이 되어야 한다는 남성의 역할을 설명한다.

- '공급자'(Provider) 혹은 '발전'(Develop)이라는 단어는 가정 안에서 가족들의 안정과 성장을 조장해야 하는 사람은 바로 남성이라는 의미다.

**당신의 생각을 정리해서 적어보세요.**

남성들이 자신의 파트너 혹은 가족들을 영적으로 부양하고 성장시킬 수 있는 다양한 방법들을 기록하여 보라. 창조적이 되어야 한다.

## 4) 성경적 근거 4

"아내들이여 자기 남편에게 복종하기를 주께 하듯 하라 이는 남편이 아내의 머리 됨이 그리스도께서 교회의 머리 됨과 같음이니 그가 바로 몸의 구주시니라 그러므로 교회가 그리스도에게 하듯 아내들도 범사에 자기 남편에게 복종할지니라 남편들아 아내 사랑하기를 그리스도께서 교회를 사랑하시고 그 교회를 위하여 자신을 주심 같이 하라"(엡 5:22~25).

- 아내들은 남편에게 순종하여야 한다. 남편들은 그리스도께서 교회를 사랑하신 것같이 아내를 사랑하여야 한다. 그러므로 상호 복종해야 하는 것이다.

- 돌봄과 사역과 희생에 있어서 그리스도께서 하신 것처럼 남편은 아내와의 관계 안에서 그리스도의 형상(Christ-figures)을 나타내는 것이다.
- 만약에 남편들이 이러한 방식으로 아내를 사랑한다면, 아내들은 이러한 남편의 사랑에 복종하는 데 있어서 큰 어려움이 없을 것이다.
- 하나님께서는 남편들이 가족의 머리 혹은 지도자가 되도록 디자인하셨다. 다시 말하면 가족들의 영적 건강을 책임지기 위해서 남성이 지도자가 되는 것이다.

당신의 생각을 정리해서 적어보세요.

만약에 남편들이 그리스도께서 교회를 사랑하신 것처럼 아내를 사랑한다면 그들은 어떤 일을 하게 될 것인가? 그리스도께서는 교회를 어떻게 사랑하셨는가?

당신에게 가장 가까운 사람의 삶에서 당신은 얼마나 많은 권위를 가지고 있는가? 당신은 그 권위를 어떻게 가졌는가?

사람들이 당신의 리더십에 복종하는 것이 어렵다는 것을 발견하였는가? 그
렇게 생각하는 이유와 그렇게 생각하지 않는 이유는 무엇인가?

이 말씀은 고린도전서 11장 3절과 연결되어 있다. '돌봄의 연결 고리'
(chain of care)라고 정의하는데 이는 모두가 하나님께서 우리에게 주신
것이다.

- 하나님
- 그리스도
- 교회
- 남편
- 아내
- 자녀

이러한 수준들은 우월성의 고리가 아니라는 것을 아는 것이 중요하
다. 그리스도께서는 육신의 몸을 입고 이 땅에 오신 하나님이셨고 오늘날
에도 그 하나님이시기에 분명히 하나님과 동일하신 분이다.

"너희 안에 이 마음을 품으라 곧 그리스도 예수의 마음이니 그는 근본
하나님의 본체시나 하나님과 동등됨을 취할 것으로 여기지 아니하시

고 오히려 자기를 비워 종의 형체를 가지사 사람들과 같이 되셨고 사람의 모양으로 나타나사 자기를 낮추시고 죽기까지 복종하셨으니 곧 십자가에 죽으심이라 이러므로 하나님이 그를 지극히 높여 모든 이름 위에 뛰어난 이름을 주사 하늘에 있는 자들과 땅에 있는 자들과 땅 아래에 있는 자들로 모든 무릎을 예수의 이름에 꿇게 하시고 모든 입으로 예수 그리스도를 주라 시인하여 하나님 아버지께 영광을 돌리게 하셨느니라"(빌 2:5~11).

그러나 예수께서는 이 세상에 사시는 동안에 돌봄과 책임의 연결 고리를 이해하고 계셨다. 그러기에 예수께서는 자리를 정해주신 하나님 아버지께 기쁜 맘으로 순종하신 것이다.

"내가 하늘에서 내려온 것은 내 뜻을 행하려 함이 아니요 나를 보내신 이의 뜻을 행하려 함이니라"(요 6:38).

나는 최근에 오해로 인해서 갈등에 싸인 한 쌍의 젊은 커플과 결혼 상담을 한 일이 있다. 그들의 갈등은 역할에 대한 이해의 문제가 아니라 성적인 정체성에 대한 혼란의 문제였다. 이 남자는 여자를 통제하고 지배해야 한다는 남자의 권리를 주장하였다. 여자는 그 남자의 요구에 대하여 여자로서 독립적이고 개인적인 삶의 자리를 유지할 수 있어야 한다고 주장하였다. 여자는 남자가 그리스도의 정신을 모르는 사람이라고 하였고, 남자는 여자가 아내로서 성경이 말하는 역할에 대하여 무지하다고 하였다. 두 사람은 나를 바라보면서 이렇게 질문하였다. "누가 이 집의 지휘자입니까?"

그가 내게 원했던 것은 자신의 지배적인 삶을 뒷받침할 수 있는 성경 구절을 예로 들어서 자신의 견해를 지원해 주는 것이었던 것 같다. 그러나 나는 그의 기대와 달리 다음과 같은 말로 그를 일깨워주려 하였다. "그러한 질문은 믿는 사람으로서 해야 할 질문이 아닙니다. 믿음의 사람들이 해야 할 질문은 '누가 이 집안의 우두머리입니까?' 하는 질문이 아니라 '누가 이 집안의 종입니까?' 하는 질문입니다." 영적 지도자로서 자신의 역할에 대하여 제대로 이해하였을 때 그는 더 이상 지배자로서 또는 통제하는 자로서의 역할을 하지 않고, 다른 사람을 섬기게 될 것이다. 이처럼 영적 지도자의 섬기는 태도는 그리스도인 아내에게 이와 비슷한 반응을 낳게 한다. 강한 개성이나 지도력과 상관없이 대부분의 아내들은 남편의 진실한 영적 지도력을 크게 환영할 것이다.

## 5) 성경적 근거 5

"남편들아 이와 같이 지식을 따라 너희 아내와 동거하고 그를 더 연약한 그릇이요 또 생명의 은혜를 함께 이어받을 자로 알아 귀히 여기라 이는 너희 기도가 막히지 아니하게 하려 함이라 마지막으로 말하노니 너희가 다 마음을 같이하여 동정하며 형제를 사랑하며 불쌍히 여기며 겸손하며 악을 악으로, 욕을 욕으로 갚지 말고 도리어 복을 빌라 이를 위하여 너희가 부르심을 받았으니 이는 복을 이어받게 하려 하심이라"(벧전 3:7~9).

• 사도 베드로는 건강한 결혼 생활을 책임져야 할 남편들에게 말하고 있다.
• 사도 베드로는 또한 아내의 역할을 복종하는 사람으로 정의하고 있다. 우리는 복종에 대하여 이야기하는 것을 좋아하지 않는다. 그러나 사실 남편과 아내, 이 두 가지 역할 가운데 아내의 역할이 더 쉬운 것이다. 가장 힘

든 것은 남편의 역할이다. "그리스도께서 교회를 사랑하신 것처럼 아내를 사랑하라." 이는 궁극적으로 예수를 십자가로 이끈 사랑을 말한다. 나는 남성들이 이 말씀대로 아내를 사랑한다면 아내들이 남편의 지도력에 복종하는 것은 문제가 없을 것이라고 생각한다.

당신의 생각을 정리해서 적어보세요.

남편들에게 주신 베드로전서 3장 7절의 말씀 "남편들아 이와 같이 지식을 따라 너희 아내와 동거하고"는 무슨 의미인가?

베드로전서 3장 7~9절을 통하여 베드로가 우리에게 가르쳐주는 말씀의 방향은 어떤 것인가?

## 2. 영적 지도자란 어떤 사람을 말하는가?

이제 남성의 지도력 뒤에 있는 하나님의 마음(율법 혹은 말씀의 정신)을 조사해 보고 말씀에 의하여 영적 지도자를 정의해 보자.

무엇을 위하여 하나님께서는 당신을 영적 지도자로 부르셨는가? 영적 지도자는 어떤 사람이고, 영적 지도자는 어떤 일을 하는가에 대하여 정의하기 전에 먼저 영적 지도자의 태도가 아닌 것을 살펴보자. 남성들은 자신들이 가지고 있는 남성의 역할에 대한 왜곡되고 위선적인 이미지들을 깨뜨릴 수 있어야 한다. 예수께서는 진리를 아는 것이 너희를 자유롭게 할 것이라고 말씀하셨다. 나는 이러한 위선과 사회적 통념에 대하여 하나님의 진리가 사람들에게 자유를 주게 될 것이라고 믿는다. 한 가지씩 검토해 본 후에 그것에 대하여 깊이 생각해 보고 다음의 두 가지 질문에 대답해 보라.

- 진리를 아는 것이 어떻게 당신을 자유롭게 한다는 것인가?
- 진리의 빛 아래서 당신의 행동 양식 중 변화될 필요가 있는 것은 무엇인가?

### 1) 영적 지도자의 태도가 아닌 것

#### ⑴ 그는 설교하는 사람이 아니다

영적 지도자로서 대화를 할 때 계속적인 지혜의 보화를 사람들에게 나누어주는 달변의 대화자가 될 필요는 없다. 뿐만 아니라 당신의 영향력 안에 있는 사람들이나 가족들에게 강의한다는 것을 의미하지도 않는다.

### (2) 그는 두목(독재자)이 아니다

당신은 주위 사람들에게 '주'(lord)가 아니고, 단지 영적 지도자일 뿐이다. 예수께서는 섬김의 리더십을 가르치셨다. 하나님께서는 옹색하고 완고한 보스로서 당신을 부르신 것이 아니다. 당신은 독재자가 아니라 오히려 다른 사람의 성장과 발전을 돕는 개발자(Developer)가 되어야 한다.

### (3) 그는 성령이 아니다

당신의 역할에 대하여 혼돈하지 말라. 당신은 하나님의 사랑을 나누는 자이고, 성령은 죄를 깨닫게 하시는 분이다. 당신이 성령의 대리자는 아니다. 당신이 성인군자(Holier than thou)인 척하면서 당신의 파트너가 죄책감에 빠지게 할 필요는 없다.

### (4) 그는 말이 많은 사람이 아니다

영적 지도자는 일방적인 대화자를 의미하지 않는다. 모든 대화에 항상 경건함을 유지해야 한다는 것도 아니다. 대화의 조력자로서 할 수 있는 대로 다른 사람의 말을 많이 들어주어라.

### (5) 그는 이상주의자가 아니다

영적 지도자가 되고자 하는 많은 사람들이 초월적 영성을 시도한다. 진실한 지도자가 어떤 다른 사람들보다도 실제적인 사람이라는 것을 잊고 실행 불가능한 일을 추진하거나 이상주의자가 되어버리고 마는 것이다.

진정한 성경적 리더십을 반영하는 사람들이 거의 없기 때문에 사람들은 위선적인 지도력에 빠지기가 쉽다. 이러한 일반적인 오해들을 해결하기 위하여 당신은 당신의 태도 속에 있는 이러한 것들을 구별할 수 있어야 한다. 이런 모습들은 영적 지도자의 모습이 아니다.

## 2) 영적 지도자의 자질

이제 영적 지도자는 어떤 사람인가 살펴보자. 다음의 단어들은 영적 지도자의 자질을 소개한다. '아이'(I)로 시작하는 다음의 여섯 개 단어들을 연구하고 암기하라. 그리고 "나는 할 수 있다"라는 목록에 기록해 두고 당신의 것으로 만들기를 바란다.

### (1) 주도적(Initiative)
나의 아내는 내가 주도적인 것에 대하여 감사하고 있다. 아내는 우리의 가정생활과 결혼에 있어서 항상 남편인 내가 책임을 짐으로써 자신이 자유로운 것에 대하여 즐겁게 생각한다.

최근에 우리는 정기적으로 둘만의 오붓한 시간을 갖고 있다. 그래서 다음 데이트(Date Night)에 무엇을 할 것인가를 논의하였는데, 그녀는 나에게 "우리가 다음에 무엇을 할 것인지 당신이 결정하세요"라고 하였다. 나는 그녀를 위하여 캐딜락 자동차를 운전할 사람을 택하고, 자동차의 뒷자리에 장미꽃과 그녀가 좋아하는 음료수를 실어놓고 태평양이 바라다보이는 바닷가의 아름다운 레스토랑에서 저녁식사를 할 수 있도록 준비하였다. 나는 계획을 세우는 그 일에 몰두하였다.

우리의 이 특별한 시간이 끝나갈 무렵에 아내는 내게 자신이 좋아하는 것은 우리가 그날 저녁에 행하였던 그러한 일들이 아니라고 말하였다. 그녀가 좋아한 것은 이러한 모든 일을 남편인 내가 주도적으로 주관하는 것이라고 하였다.

다음의 요약된 문장들을 기초로 해서 당신의 주도적 자질을 평가하여
보라.

- 나는 나의 파트너에게 우리의 관계에 대해 방향을 설정하여 준다.
- 나는 파트너와의 건강한 관계를 맺는 데 책임을 진다.
- 나는 연약함과 겸손함으로 영적 대화를 나누는 데 주도적이다.

**그 동안 당신이 이러한 일을 어떻게 해왔고 앞으로는 어떻게 할 것인지에
대하여 구체적인 예를 들어보라.**

(2) 친밀감(Intimacy)

영적 지도력의 또 다른 면은 관계에 있어서 친밀감을 경험하는 능력
이라고 할 수 있다. 윌로우 크릭 교회의 목사 빌 하이벨스는 그의 책 「하
나님께 솔직히」(*Honest to God*)에서 마이크 싱레터리(Mike Singletary, 시
카고 베어스 팀 스크럼 라인의 후방을 지키는 선수)를 신실한 남성의 대표적
인 모습으로 예를 들고 있다.

마이크는 상대 팀 선수들에게도 존경을 받기에 충분할 정도로 뛰어난
선수였다. 그러나 그는 선수 활동이 아내와 자녀들에게 좋지 못한 영향을
준다고 느꼈을 때에 눈물을 흘릴 정도로 민감했다. 이러한 그의 행동은

하나님과 타인들을 향하여 자신의 잘못을 뉘우침과 동시에 용감하고 결단력 있는 의지와 그것에 대한 연약함, 이 두 가지 마음을 모두 다 요구하는 것이다.

다음의 요약된 문장들을 기초로 해서 당신의 친밀감의 자질을 평가하여 보라.

- 나는 개인적인 예배와 성경 연구를 통하여 하나님과의 친밀함을 경험하고 있다.
- 나는 열려 있고 정직한 대화를 통하여 파트너와의 친밀감을 경험하고 있다.

그 동안 당신이 이러한 일을 어떻게 해왔고 앞으로는 어떻게 할 것인지에 대하여 구체적인 예를 들어보라.

### (3) 영향력(Influence)

이것은 가끔 남성들이 남용하는 자질이다. 광신적 애국 세대(chauvinists)는 강한 남성들에게 저항하는 여성들을 분노로 이끌었다. 그러나 몇몇 여성주의자들이 그것을 원한다고 결정했다고 해도 다른 세대들은 여성들이 영향력을 얻어야 한다는 주장에 대하여 한발 물러서고 있다.

이를테면 드보라 라케(Deborah Lake)는 다음과 같이 말하였다. "10년 전에 우리는 남성들 자신이 마초적인 역할을 사람들에게 보여줘야 한다고 느끼는 모든 감정과, 남성은 강해야만 하고 울지 않는다는 생각에 대하여 불만을 제기하였다. 그러나 이제 우리는 그러한 불평에서 남성들을 자유로워지게 했다. 예전에 우리는 남성들의 성적인 역할이 허물어지기를 원했고, 또 그것을 무너뜨렸다. 그런데 지금 우리는 그 무너진 남성적 역할 때문에 불평하고 있다."

다음의 요약된 문장들을 기초로 해서 당신의 영향력 자질에 대하여 평가하여 보라.

- 나는 관계 안에서 성경적 영향력을 훈련한다.
- 나는 파트너를 발전시키며, 격려하고, 그의 성장을 촉진한다.
- 나는 주는 사람(giver), 곧 관계에 있어서 관대한 공급자다.

그 동안 당신이 이러한 일을 어떻게 해왔고 앞으로는 어떻게 할 것인지에 대하여 구체적인 예를 들어보라.

(4) 한결같음(Integrity)
오늘날 이 주제는 다루기 어려운 문제 중 하나다. 잘 알려진 몇몇 교회의 지도자들조차 이 문제에 있어서 우리에게 본보기가 되지 못했다. 한결같음이란 '동일성'을 말하는 것이다. "그 사람은 누가 보든지 상관없이 한결같은 사람이다." 이 개념은 '밀랍을 바르지 않은'(without wax)이라는 라틴 말에서 온 것이다. 고대 로마 문화에 있어서 조각품들은 불가마 안에서 뜨거운 열에 구워졌는데 가끔은 금이 가는 작품들이 생기곤 했다. 그러한 경우에 밀랍은 보기 싫을 정도로 금이 간 부분을 채워서 감추는 데 사용되었다. 그러나 그때나 지금이나 어떤 것들은 금이 가지 않고 온전하게 만들어지는 것들도 있게 마련이다. 온전하게 만들어진 작품들은 이러한 금을 감추기 위한 다른 재료나 밀랍이 필요가 없다. 그 작품은 실제적인 하나의 물질로 구성된 것이다. 그래서 그 작품을 만든 조각가는 그 작품의 밑바닥에 "밀랍을 사용하지 않았음"(without wax) 혹은 "한결같음"(integrity) 등의 말을 새겨 넣을 수가 있었다. 우리의 삶에 있어서 이 말은 진실성 혹은 투명성 그리고 절대 정직이라는 말을 의미한다.

다음의 요약된 문장들을 기초로 해서 당신의 한결같음(integrity)의 자질을 평가해 보라.

- 나는 체면보다는 정직과 한결같음을 중시한다.
- 나는 지켜보는 이가 없을 때에도 나의 개인적인 생활에 대하여 부끄러움이 없다.

> 그 동안 당신이 이러한 일을 어떻게 해왔고 앞으로는 어떻게 할 것인지에 대하여 구체적인 예를 들어보라.

## (5) 정체성(Identity)

하나님께서는 성경 말씀을 기초로 하여 안정되고 건강한 자아 개념을 발전시켜 나가기를 요구하신다. 대부분의 사람들은 성장하면서 믿어온 거짓으로 인해 하나님으로부터 자신들의 정체성을 이끌어 내는 것을 망설이게 된다.

지그 지글러(Zig Ziglar)는 자신의 글에서 몇 년 전 구 소련에서 부모님과 함께 미국으로 온 빅토(Victor)라고 하는 어린 소년에 관하여 쓰고 있다. 빅토는 이민 와서 바로 미국 아이들과 함께 학교생활을 시작하였으나 행동이 둔하고 정신적으로 느려서 아이들과 잘 어울리지 못하고 외톨이가 되었다. 빅토가 굴욕적으로 고등학교를 그만둘 때까지도 교사들과 그의 친구들은 공개적으로 그의 우둔함을 질책하였다. 빅토는 학교를 그만둔 이후로 몇 년 동안 돈을 벌기 위하여 노력하였다. 마침내 그가 원하던 만큼 돈을 벌고 성공하였을 때 그는 나이 서른에 적성검사를 받았다. 적성검사 결과를 확인한 그는 깜짝 놀랐다. 그의 아이큐 지수가 161이라고 나왔기 때문이었다. 그는 천재였던 것이다. 그의 인생은 하룻밤 사이에 변화되었다. 그 후로 그는 지역 시민 단체의 회장이 되었다. 여러 권의 책을 저술하였고, 결혼도 하였으며 여러 가지 발명 특허도 얻게 되었다. 그는 천재로서의 삶을 시작하게 된 것이다.

그러면 빅토가 하룻밤 사이에 갑자기 유식한 사람이 되었단 말인가? 아니다. 그의 삶이 그처럼 변화하게 된 이유는 그가 자기 자신을 바라보는 시각이 달라진 데 있었다.

하나님께서 신약성경을 통하여 우리에게 주신 정체성을 우리 자신이 깨달아 알고, 그러한 모습으로 살아갈 때에 우리도 영적인 부분에 있어서 빅토와 같은 삶의 변화를 일으킬 수 있다.

다음의 요약된 문장들을 기초로 해서 당신의 정체성(identity)을 평가해 보라.

- 나는 내가 그리스도 안에(In Christ) 있음을 확신한다.
- 나는 방어적 태도를 지향하며 건강하고, 성경적인 자아상을 가지고 있다.
- 나는 나의 인생을 위하여 성숙한 생애의 목적을 가지며 그것을 발전시켜 왔다.

그 동안 당신이 이러한 일을 어떻게 해왔고 앞으로는 어떻게 할 것인지에 대하여 구체적인 예를 들어보라.

### (6) 내적 인품(Inner Character)

마지막으로, 내적 인품은 도덕적이며 우리의 영적 힘을 다루는 자질이다. 우리는 얼마만큼이나 예수의 뒤를 따르고 있는가? 살면서 성경적인 신념을 보여주는가? 1944년 세계 2차대전 중에 함께 참전한 두 젊은이들의 이야기가 있다.

두 젊은이는 함께 성장하였다. 같이 놀고 같이 공부하고 같은 학교를 졸업하였다. 심지어는 전쟁 중에도 유럽 지방의 같은 전투에 참여하여 자신들의 소임을 다하게 되었다. 그런데 한창 전투가 계속되고 있을 무렵에 그들이 속한 부대가 퇴각을 하면서 친구를 격전지에 남겨 두고 혼자만 돌아오게 되었다. 그는 부대장을 찾아가서 친구를 구하러 격전지로 돌아가겠다고 말하였다. 그는 반드시 그렇게 해야만 하였다. 그는 친구를 구출하려는 시도를 안 할 수가 없었다. 부대장은 그러한 노력은 소용없는 짓이며 잘못하면 당신의 목숨까지도 위험하게 될 것이라고 만류하였다. 그러나 이러한 말은 그에게 아무런 소용이 없었다. 그는 마침내 격전지로 친구를 찾아 나섰다. 한 시간쯤 후에 그는 시체가 된 친구를 찾아서 부대로 돌아왔다. 부대장은 화가 나서 그를 야단쳤다. "이보게, 그를 구하러 간다는 것은 소용없는 짓이라고 내가 말하지 않았는가?" 부대장의 이 말을 들은 젊은 병사는 한동안 부대장을 물끄러미 바라보았다. 그리고 이렇게 대답하였다. "부대장님, 그렇지 않습니다. 나는 그가 숨을 거두기 전에 이렇게 말하는 것을 들었습니다. '친구, 나는 자네가 올 줄 알고 있었다네' 라고 말입니다."

이처럼 용기와 내적인 인품을 갖는 것은 그리 쉬운 일이 아니다. 그러나 당신 자신을 투자하는 이러한 일은 당신이 관련된 어떤 관계에서도 가능하며 또한 보여줄 수 있다. 당신의 내적인 인품의 자질을 평가하여 보라.

- 나는 나의 삶에서 나 자신의 영적 훈련을 포함하여 성령의 열매를 보여준다.
- 나는 성령 충만한 사람이며 성령의 인도함을 받는 믿음의 사람이다.
- 나는 하나님과 권위에 복종하는 것으로서 나 자신을 조절하며 유지한다.

그 동안 당신이 이러한 일을 어떻게 해왔고 앞으로는 어떻게 할 것인지에 대하여 구체적인 예를 들어보라.

## 3. 당신은 이제 어디로 가야 하는가?

당신은 영적 지도자로서 성장하는 데 필요한 자질들에 대하여 인식하고 있어야 한다. 나는 당신이 낙심하지 않기를 바란다. 비록 우리 가운데 완전한 사람은 없다고 하더라도 내가 소개한 자질들은 사람이 소유할 수 있는 것들이다. 하나님께서는 우리에게 그것들을 요구하시지 않는다. 하나님의 은혜로 우리는 그것들을 성장시키게 될 것이다. 그리고 이것을 이해한다는 건 이미 첫 발을 내딛는 것이다. 나는 각 단원의 마지막에 있는 문제들에 자신의 견해를 써 보기를 여러분들에게 권하고 싶다. 이를 통해 영적 지도력의 자질을 훈련할 수 있기 때문이다.

다음 단원에서 어떻게 하면 영적 지도자가 될 수 있는가를 연구하게 될 것이다. 마음을 다부지게 먹어라. 왜냐하면 이것은 당신에게 새로운 모험이 될 것이기 때문이다.

## 4. 라이프스타일 향상시키기

• 앞 단원에서 당신은 이 책의 내용을 공부하는 동안에 당신이 책임질 수 있는 사람, 다시 말해 파트너를 선택하였다. 이 주간에는 전화를 걸어서라도 그와 더불어 매일 기도하라.

• 이러한 가르침들 가운데 영적 지도자로서 당신의 가장 약한 성품들을 생각해 보고 그것을 개선하기 위하여 당신이 취할 행동을 세 가지만 기록해 보라.

  1. _____
  2. _____
  3. _____

• 당신의 언어로, 파트너와 함께 영적 지도자의 정의에 관하여 나누어보라.

  _____
  _____
  _____
  _____
  _____

• 디모데전서 5장 8절을 암기하라.

"누구든지 자기 친족 특히 자기 가족을 돌보지 아니하면 믿음을 배반한 자요 불신자보다 더 악한 자니라."

# 영적 지도자의 기능

영적 지도력은 '기술'의 문제가 아니다.

그것은 바로 '마음'의 문제다.

세계 2차 대전 중에, 불게(Bulge) 전투에서 미국은 독일의 공격을 막기 위하여 전투에 참여할 수 있는 모든 남성들을 전선에 투입하게 되었다. 비상사태였기 때문에 주로 점원으로 일하던 사람들과 사무실에서 일하던 사람들을 중심으로 구성된 오합지졸 부대가 보병 연대로 급하게 전환되었다. 그리고 그들에게 몇 시간 안에 적군의 공격이 예상되는 한 지역을 방어할 임무가 할당되었다. 그들에게는 삽이 나누어지고 참호를 파라는 명령이 하달되었다. 타자를 치는 일을 하며 지내왔던 한 병사는 커다란 돌이 박혀 있고 너무 단단해서 잘 파지지 않는 땅을 한동안 바라보다가 중대장을 찾아가서 이렇게 말하였다. "저, 대위님, 우리가 독일군을 공격하여 그들이 참호를 만들게 하면 좀 더 쉽지 않을까요?"

이 얼마나 멋진 생각인가? 왜 인생을 완전히 다른 방식으로 접근해 보려고 하지 않는가? 왜 영적인 일에 있어서 주도적이지 못한가? 앞으로 전진하기 위한 첫 발을 떼기 위하여 누군가를 앉아서 기다리는 일 대신에 왜 적극적인 자세를 취하려 하지 않는가?

사무원 출신 병사의 이러한 질문은 가족을 위하여, 교회와 결혼생활과 개인적인 삶에 있어서 전쟁을 치르는 것과 같은 오늘날의 모든 남성들이 취해야 할 자세다.

　　최근에 한 여성이 이런 말을 하였다. "20여 년 전에 여성들은 남성들에게 권위적인 자세에서 한발 물러나서 좀 더 원숙한 모습으로 부드러워지고 점잖아질 것을 요구하였습니다. 그러나 오늘날의 여성들은 남성들이 다시 주도하여 주기를 바라고 있으며, 남성들이 좀 더 강해지고, 가정에서 일어나는 모든 일들에 대하여 남성들이 깨어 있기를 요구합니다." 나는 이 여성의 말이 옳다고 생각한다. 일반적으로 남성들은 가족과 교회 그리고 다른 사람들과의 관계를 맺는 일에 있어서 또한 그들에게 중요한 영적 의미를 주는 일에 있어서 대단히 수동적이다. 요즘 남성들은 한발 뒤로 물러나서 다른 사람이 앞장서서 자신들을 인도해 주기를 기대하고, 자신의 주도권을 포기한 상태다.

　　예를 들어 미국 건국 초기의 교회들을 연구하여 보라. 18세기에 교회는 기본적으로 남성들에 의해서 인도되었다. 물론 여기에는 여성들도 포함되어 있으며 교회생활에 있어서 매사에 여성들이 필요하였던 것은 사실이다. 그러나 남성들이 주도적이며 앞장서서 인도하는 것이 일반적인 규범이었다. 반면에 그때부터 250년이 채 지나지 않은 오늘날에는 남성들이 지역 교회 안에서 목양을 하고 가르치고, 인도한다는 것이 매우 어려운 일이 되었다. 그것은 남성들이 자격이 없거나 무지하거나, 너무 바쁘거나 무사태평한 것이 아니라, 남성들이 수동적인 태도를 갖는 것이 신앙생활을 더욱 수월하게 한다는 것을 알게 된 것이다. 남성들의 활동이라는 것은 고작해야 교회의 친교실에서 스포츠나 날씨에 대하여 이야기를 나누는 정도로 제한되었다.

　　릴레 쉘러(Lyle Schaller)와 크리스찬 투데이(Christian Today)의 리서

치 팀 조사에 의하면 오늘날의 교회는 오직 성인 회중의 35~40%만이 남성이라고 한다. 100여 명 혹은 그보다 적은 수의 회중이 참석하는 교회들은 81%가 여성 사역이며, 전체적으로 교회의 59%만이 남성 사역이다. 알든지 모르든지 간에 실제적으로 평균 미국 교회의 외관은 여성들의 요구에 의해서 채워지는 것이다. 교회에서 시행되는 프로그램들 그리고 사용되는 많은 어휘들 그리고 교회의 목표와 같은 것들은 교회 안의 남성들에게 의욕을 주는 일에 있어서 실패하였다. 뿐만 아니라 본래 예수께서 보여주신 제자의 도나 용기와 대담성, 힘 그리고 희생과 같은 일을 배우는 일에 있어서 남성들은 실패한 것이다.

게다가 여성들은 믿음을 갖는 일에 있어서 남성들에 비하여 좀 더 명료하기 때문에 남성들은 특별히 여성들이 있는 곳에서는 영적 문제에 대하여 이야기하는 것을 주저하고 있다. 그러나 이러한 것들이 남성들이 여성에 비하여 영적인 분야에서 열등하다는 의미는 아니다. 단지 우리의 문화가 남성들보다는 여성들이 종교적인 관심을 표현하는 게 쉽다는 것을 의미한다. 남성들에게는 그들이 행하기로 되어 있는 역할을 이행할 수 있도록 그다지 많은 도움들이 주어지지 않았던 것이다.

저널리스트인 마이크 마시(Mike Marcy)는 이렇게 말하였다. "남성들은 일을 하고, 돈을 벌어들이고, 가족들은 그것을 사용하였다. 남성들은 좀 더 좋은 아버지, 좀 더 좋은 매니저가 되는 방법을 알기를 원하였지만 어떻게 하면 그렇게 할 수 있는지를 이해하는 데 필요한 에너지와 시간이 부족하였다."

가정 안에서 영적 지도자로 살아간다는 것은 많은 남성들에게 좌절감을 주는 일이다. 왜냐하면 아직도 남성들은 영적 지도자로서의 역할과 기능을 감당하기에는 그 능력이 갖추어져 있지 않기 때문이다. 남성들은 가정에서 위태로움을 느끼고 있다. 자신이 영적 지도자로서 부적절하다는 그 느낌은 영적 지도자로 성장하는 데 큰 방해가 된다. 그래서 많은 남성들은 스스로 성공하고 있다고 여기는 일(직업)에 더 많은 시간을 쏟고, 반대로 그렇지 못한 일에는 시간을 덜 쓴다. 이러한 것들이 남성들이 영적 지도자로 성장하는 것을 방해한다.

영적 지도력은 관계에 있어서 주도적인 것을 말한다. 주도적이라는 것은 그 일이 자신에게 어렵다거나 혹은 불편한 일이 될지라도 먼저 첫발을 내딛는 것을 의미한다. 내 친구 중의 한 명은 주도적인 자질에 거는 기대를 다음과 같이 표현하였다. "만약에 나의 배우자가 특별한 분야에서 더욱 좋아질 수만 있다면 불편한 일이라 해도 그것을 감내하지 않겠는가? 그러한 상황에서 그녀의 강점이 드러날 수 있다면 나는 자원해서 그 일을 감당할 것이다."

나도 이 말에 동의한다. 그러나 영적 지도자(남성 혹은 여성)로서 살아간다는 것이 모든 시도 때마다 더 잘하고 더 강해져야 한다는 것은 아니다. 그보다도 모든 상황에서 건강한 관계를 위한 발걸음을 딛는 데 주도적인 것을 의미한다. 예를 들어, 아내가 통장관리를 더 잘한다면 내가 그 일을 하겠다고 요구하지 않을 것이다. 그러나 내게는 여전히 우리 집 통장관리에 대한 책임이 있다.

리더십이란 내가 모든 것을 수행한다는 의미가 아니다. 리더십은 모든 것이 제대로 이루어지는 과정을 지켜보는 것을 의미한다. 우리는 그러한 것을 주도적이라고 한다.

이러한 역할과 책임은 토니(Tony)라는 한 어린 소년의 이야기가 잘 보여주고 있다. 토니는 당시에 네 살이었다. 어느 날 저녁 토니는 아빠와 함께 산책하다가 그만 비틀대다가 넘어지게 되었다. 그는 아빠를 올려다보며 다음과 같이 말하였다. "아빠, 왜 내가 가고 있는 것을 지켜보지 않으셨나요?" 토니의 이 질문은 참 좋은 질문이다.

이러한 지도력의 역할은 매우 조용하게 나타난다. 주도적이라는 것은 때때로 미미하기도 하며 이해하기 어려운 미묘한 것이 되기도 한다. 이것은 작은 것을 돌보는 일이기도 하고, 당신 가까이에 있는 사람들에게 민감한 사람이 되는 것을 의미하기도 한다. 지도력이란 것은 평소에 따르는 사람들의 상황을 인식하는 것을 의미한다.

플로리다 내플스(Florida Naples)의 한 여성은 "디어 애비"(Dear Abby, 미국의 한 신문에 있는 고정란. 여기서 애비는 독자들의 여러 가지 가정 상담을 받고 자신의 견해를 피력한다)에 다음과 같은 글을 쓰고 있다.

친애하는 애비 선생님,

나는 남편을 사랑합니다. 왜 내가 그를 사랑하는지 아시겠어요? 알려드리지요. 남편은 매일 아침 6시 30분에 일어나는 사람입니다. 그러나 나를 위하여 어떤 시끄러운 소리도 내지를 않습니다. 내가 좀더 자야 하고, 늦게까지 잠자는 것을 좋아하는 것을 그는 알고 있기 때문입니다.

남편은 통장에 남아 있는 잔액에 대하여 내게 물어 보는 일이 없습니다. 그는 우리가 키우는 개를 산책시키거나, 애완용 고양이에게 먹이를 주는 일을 기쁨으로 합니다. 비록 게임에서 돈을 잃었을 때에도 내가 진 게임의 대금을 지불합니다.

이상하게도 그는 우리의 침대가 정리되지 않은 것은 알아채지 못하지요. 그러나 내 머리 스타일이 달라지면 바로 알아차립니다. 나의 친정 어머니와 아버지를 위해서 시간과 돈을 구별해 놓기도 합니다. 남편은 다른 채널에서 그가 좋아하는 스포츠 경기를 방송해도 내가 원한다면 1956년에 만들어진 로맨스 영화를 즐겁게 보는 사람입니다. 그는 서랍 속에 깨끗한 셔츠가 없어도 화를 내지 않습니다.

애비(Abby), 그런데 내게 궁금한 것이 있습니다. 그러한 일들이 남편에게는 사소한 일들인가요?

## 1. 수행해야 할 기능들

우리는 앞의 2장에서 영적 지도자의 자질과 아닌 것을 정의하여 보았다. 이제 영적 지도자의 과업과 지도자가 되기 위해서 밟아야 할 실제적인 과정들에 대하여 조금 더 발전적인 연구를 해 보도록 하자. 다음에 소개하는 정보들은 영적 지도자의 기능들인데 당신에게 용기를 주기 위하여 다양한 아이디어들로 구성하였다.

오스왈드 샌더스(J. Oswald Sanders)에 의하면 영적 지도자의 기능과 과업은 다음과 같은 명제 아래에서 다루어져야 한다.

- 섬기기 위하여(To serve)
- 직면하기 위하여(To confront)
- 인도하기 위하여(To guide)
- 주도적이기 위하여(To initiate)
- 책임을 맡기 위하여(To undertake responsibility)

*당신의 생각을 정리해서 적어보세요.*

위에 소개한 것들 중 사람들과의 관계에 있어서 당신에게 가장 쉬운 일은 어떤 것인가? 그 이유는 무엇인가?

위에 소개한 것들 중 사람들과의 관계에 있어서 당신에게 가장 어려운 일은 어떤 것인가? 그 이유는 무엇인가?




일터, 교회 혹은 가정 중 어느 곳에서 당신이 주도적이기 쉬운가? 그 이유는 무엇인가?




기억해야 할 것이 있다. 좀 더 힘든 일들은 다루기가 곤란한데 왜냐하면 우리는 누군가가 먼저 우리를 위하여 그처럼 어려운 일들을 해 주기를 기다리기 때문이다. 먼저 주는 자(Giver)가 되는 것이 매우 중요하다. 우리는 이처럼 먼저 주는 자가 되지도 못하며, 주도적이지도 못한 경향이 있는데 이는 이러한 분야에 있어서 하나님께서 우리에게 주시고자 하는 것들을 우리 자신이 받는 것을 허락하지 않기 때문이기도 하다. 아니면 하나님께서 인간에게 주시는 그분의 방법들을 우리가 거절하는 것인지도 모르겠다. "하나님이 세상을 이처럼 사랑하사 독생자를 주셨으니……."

척 스윈돌(Chuck Swindoll)은 세계 2차 대전이 끝나갈 무렵 영국의 한 거리에서 방황하는 고아 소년의 이야기를 들려준다.

런던의 쌀쌀한 날 아침 시간에 미군 병사 한 명이 자신의 부대로 돌아가는 길이었다. 차로 도시의 한 모퉁이를 돌다가 그는 빵 가게 앞 유리에 바짝 다가서서 가게 안을 뚫어지게 들여다보고 있는 소년을 발견하였다. 빵 가게 안에서는 주인이 방금 구워낸 신선한 빵을 창문 안쪽의 진열대에 보기 좋게 늘어놓고 있었다. 배고픈 소년은 조용히 창문 안에서 일어나는 모든 움직임들을 지켜보고 있었다. 병사는 자신의 차를 한쪽에 세우고 차에서 내려 그 소년이 서 있는 곳으로 빠르게 다가갔다. 김이 모락모락 피어오르는 오븐을 열고, 방금 구워낸 빵을 꺼낼 때마다 소년의 눈은 그 요리사의 행동을 따라 가고 있었다. 소년은 군침을 삼키고 작은 신음 소리를 내며 그 안에서 일어나는 모든 일들을 뚫어지게 지켜보고 있었다. 미군 병사는 이름도 알지 못하는 그 소년이 가엽게 여겨졌다.

"얘야, 그 빵이 먹고 싶니?"

그 소년은 병사를 올려다보았다.

"그럼요, …… 먹고 싶지요."

병사는 안으로 들어가서 소년이 다 먹을 수 없을 만큼 많은 빵을 사서 봉투에 담아 소년이 서 있는 곳으로 돌아왔다. 그날 아침 런던은 쌀쌀하고 안개로 자욱하였다. 병사는 미소를 지으며 빵이 든 봉투를 소년에게 건네주었다.

"얘야, 여기 빵이 있다."

소년에게 빵을 전해 주고 돌아서려는 순간 병사는 다음과 같은 소년의 말을 들을 수 있었다.

"저, 선생님…… 선생님은 하나님이신가요?"

이처럼 우리가 필요한 사람에게 무엇인가를 주게 될 때 우리는 하나님이 되는 것이다.


## 2. 성경은 무엇이라고 하고 있는가?

베드로전서 5장 1~4절을 보라.

> "너희 중 장로들에게 권하노니 나는 함께 장로 된 자요 그리스도의 고난의 증인이요 나타날 영광에 참여할 자니라 너희 중에 있는 하나님의 양 무리를 치되 억지로 하지 말고 하나님의 뜻을 따라 자원함으로 하며 더러운 이득을 위하여 하지 말고 기꺼이 하며 맡은 자들에게 주장하는 자세를 하지 말고 양 무리의 본이 되라 그리하면 목자장이 나타나실 때에 시들지 아니하는 영광의 관을 얻으리라."

베드로는 교회의 영적 지도자들에게 말하고 있는 것이다. 그러나 지도력의 원칙은 개인적 관계에 있어서도 같은 원리다. 영적 지도자는 모델(Model)이 되어야 하며, 사역자(Minister)와 멘토(Mentor) 그리고 매니저(Manager)의 역할을 해야 한다.


### 1) 모델(Model)

우리는 주변의 수많은 사람들에게 살아있는 모델이 되도록 하나님의 부르심을 받았다. 특별히 성경은 교회의 영적 지도자들에게 "양 무리의 본이 되라"(3절)고 말씀하였다. 단순한 진리 중의 하나는 사람들은 그들에게 설교되는 말씀, 귀로 듣는 말씀이 필요한 게 아니라는 것이다. 사람들은 그들의 지도자들을 통하여 눈으로 보는 것을 배우고 행하게 된다는 것이다. 그래서 영적 지도자의 삶은 자신의 말과 일치해야 한다. 그렇지 않으면 그 영적 지도자는 가장 혼란스러운 메시지를 전하는 사람이 될 것이다.

몇 년 전에 북캐롤라이나(North Carolina) 엘리자베스 강변(Elizabeth River)의 기차 길에서 끔찍한 열차 사고가 일어났다. 열차는 탈선되었고 기차가 전복되면서 승객들이 강물에 빠져 죽은 큰 사고였다. 열차에 신호를 보내는 사람이 경고를 의미하는 붉은 기를 흔드는 대신에 흰색 깃발을 흔든 것이 사고의 원인이었다. 그러나 깃발을 흔들었던 이 사람은 자신이 흔든 깃발은 결코 흰색이 아니며 붉은 색이었다고 주장하였다. 사실 그는 자신에게 주어진 일은 확실하게 하는 사람이었다. 마침내 사고의 원인이 밝혀졌다. 그 깃발은 원래는 붉은 색이었다. 그러나 세월이 흐르면서 이 붉은 색이 바래서 이제는 구별이 어려울 정도로 색이 희미해졌던 것이다. 마치 흰색 깃발이 된 것처럼 말이다. 이 깃발로는 열차의 정지를 명령하는 붉은 색의 분명한 메시지를 보낼 수가 없었던 것이다.

때때로 나는 이 깃발과 같은 것이 우리의 삶이 아닌가 하는 생각을 하게 된다. 우리는 우리의 얼굴을 바라보고, 우리의 말을 듣는 모든 사람들에게 끊임없이 자신들의 얼굴을 통하여 메시지를 보내고 있다. 그런데 끝없는 인생의 풍상으로 인하여 우리가 보내는 메시지가 색이 바래서 희미해져 있다면 어떻게 될 것인가? 우리 주변에 있는 세상은, 삶을 변화시키시는 하나님의 능력에 대하여 말해야 할 사람들이 참으로 어떤 사람들이어야 하는가에 대하여 혼란스러워하고 있다. 당신은 자신에게서 영적 지도자로서 세상 사람들과 구별된 점을 보는가?

뉴욕 양키 팀의 선수로 영예의 전당에 이름이 기록된 조 디마지오(Joe Dimaggio)가 한번은 기자에게 이런 질문을 받았다. "당신은 항상 모든 경기를 열심히 하는데 왜 그렇게 열심히 하는 겁니까?" 디마지오는 이렇게 대답하였다. "그것은 단지 내가 누구인가 하는 것의 일부일 뿐입니다." 그러나 왜 그렇게 열심히 경기를 하는가에 대하여 기자가 끈질기게 질문하자, 그는 자신의 노력 뒤에 숨어 있는 진정한 동기를 밝히게 되었다. "왜냐하면 그 경기장에는 최소한 한 명 이상 이전에 제가 경기하는 모습을 보지 못한 사람이 있기 때문입니다."

나는 그의 이러한 말을 좋아한다. 많은 사람들이 나를 지켜보고 있다는 것을 의식하게 된 이래로 내게도 우수함을 향하여 뛰어 올라야 할 몫이 있다는 생각을 하게 되었다. 이러한 생각들은 진정으로 사람을 특별하게 만들 수 있다.

## 2) 사역자(Minister)

둘째로, 우리가 사역자로서 부르심을 받은 것은 "하나님의 양 무리를 치기" 위함이며 우리의 책임 아래에 있는 그들을 섬기기 위한 것이다. 처음에는 이러한 말이 역설(Paradox)처럼 보일 것이다. 그러나 우리는 섬김으로써 그들을 인도할 수 있고, 인도함으로써 그들을 섬기게 되는 것이다.

나의 친구이며 고용주인, 존 맥스웰 박사(Dr. John Maxwell)는 샌디에이고(San Diego)에 있는 스카이라인 교회(Skyline Church)의 지도력위원회에서 섬김과 사역의 기술을 가르친 일이 있다. 그는 사람들에게 직장과 교회와 가정 가운데서 어느 곳이 사람들을 섬기는 데 가장 어려운지를 물었다. 이 설문은 익명으로 실시되었다. 결과에 의하면 사람들을 섬기기에 가장 어려운 곳은 가정이었다. 설문을 마친 후에 맥스웰 목사는 설문에 참여한 사람들에게 한 가지 과업을 주었다. 그것은 이 주간부터 시작하되 각자 가정에서 자발적으로 일하고, 가족들을 섬기는 일을 하라는 것이었다. 물론 목사가 내준 과제라는 것을 알리지 않고 하는 것이었다.

사람들은 자신들이 보게 될 결과들에 대하여 웃고 있었다. 그 다음 주간에 맥스웰 목사는 몇몇 리더십 위원들의 아내들로부터 가정에서 일어난 일에 대하여 흥분한 목소리로 말하는 전화를 받았다. 다음 주일에는 그 남편들이 섬기는 주일 예배에 참여하게 되었다. 그리고 그들은 맥스웰 목사에게 다음과 같이 질문하였다. "목사님, 제 남편에게 무슨 일을 하신 것입니까?"

사실 가정에서의 지도력은 섬김에서 시작된다는 사실을 상기시켜 준 것 외에는 그가 따로 한 일은 없었다.

### 3) 멘토(Mentor)

세 번째 과업은 당신의 지도력 아래 있는 사람들에게 당신이 멘토가 되는 것이다. 멘토가 된다는 것은 당신이 자발적으로 다른 사람들의 성장을 위하여 당신의 삶을 투자하는 것을 의미한다. 멘토링은 당신 자신을 위한 것뿐만 아니라 당신의 지도력 아래 있는 그 사람들을 위한 것이다. 그들이 하나님의 목적에 맞게 살아가도록 적절하게 동기를 부여하며 그들이 성장할 수 있도록 돕는 것이다.

> "억지로 하지 말고 하나님의 뜻을 따라 자원함으로 하며 더러운 이득을 위하여 하지 말고 기꺼이 하며"(2절).

캐나다(Canada) 몬트리올(Montreal)에 있는 맥길(McGil) 대학에 전해지는 고전적인 이야기가 있다. 토마스 스튜어드(Tomas S. Steward)는 그만 실수로 자신의 한쪽 눈을 칼로 다치게 하였다. 안과 전문 의사는 즉시

수술을 해서 다친 눈을 제거해야만 다른 쪽 눈을 구할 수 있다고 하였다. 수술이 끝나고 토마스가 마취에서 깨어났을 때 의사는 토마스의 건강한 눈을 제거했다는 사실을 알게 되었다. 토마스는 그야말로 아무것도 볼 수 없는 장님이 된 것이다. 그것은 토마스와 그의 가족들에게 악몽과 같은 비극이었다. 그러나 이러한 비극에도 불구하고 같은 대학을 다니던 토마스의 동생인 윌리엄(William)은 이 대학의 정신인, 하나님의 말씀을 따르기로 결심하였다. 윌리엄은 자신이 형의 절반이 되기로, 토마스에게 일종의 멘토가 되기로 결심을 하였다. 윌리엄은 형인 토마스를 잘 알고 있었다. 동생은 형의 모든 어려움을 함께 하였다. 이후부터 이 형제는 남은 대학생활을 철저하게 함께하게 되었다.

그 결과 앞을 보지 못하는 토마스가 그 대학에서 일등으로 졸업을 하였고, 멘토의 역할을 한 윌리엄은 그 대학에서 이등으로 졸업하였다. 그러나 사실 이러한 결과는 어떠한 멘토든지 얻을 수 있는 결과다.

### 4) 경영자(Manager)

영적 지도력의 마지막 부분은 경영자라고 불리는 것이다. 성경은 지도자들에게 감독하는 사람으로서 섬기라고 말하고 있다. 이것은 최소한 지도자들의 영향력 혹은 돌봄 아래에 있는 사람들과 관련하여 큰 그림을 볼 줄 아는 사람이 되는 것을 의미한다. 그리고 이러한 큰 그림의 조명 아래서 그들의 성장을 촉진하려는 것이다. 이러한 기능은 지도자들에게 성숙한 조직을 할 수 있는 기술만 아니라, 우리의 자녀들과 배우자 그리고 친구들로 부르심을 받은 사람들에게 살아있는 비전을 갖도록 계속해서 훈련하는 것을 포함한다. 우리가 이러한 것이 실제적이 되기를 기대한다면 우리는 마지막에 이루어질 결과들을 머릿속으로 그려 볼 수 있어야 한다.

월트 디즈니(Walt Disney)보다도 큰 꿈을 가진 사람은 없었다. 그러나 불행하게도 그는 자신의 꿈의 결정체인 디즈니월드(Disney World, 세계적인 어린이 동산)가 문을 여는 것을 보지 못하고 세상을 떠나고 말았다. 월트 디즈니의 많은 꿈들 가운데 가장 크고 어려운 꿈 하나가 실현된 것이었다. 월트가 개막식의 연설을 할 수 없었기 때문에 월트의 아내인 디즈니 여사가 연설을 하기 위하여 연단을 오르게 되었다. 그녀를 소개하면서 사회자는 다음과 같이 말하였다. "디즈니 여사님, 제가 원했던 것은 디즈니 회장께서 이러한 것들을 보셨으면 하는 것이었습니다." 디즈니 여사는 마이크 앞으로 조용히 다가가서 단호한 어조로 이렇게 말하였다. "그는 해냈습니다." 그러고는 자리로 돌아가 앉았다.


## 3. 사례 연구 : 보아스

잠시 시간을 내서 구약성경의 룻기를 읽어 보라. 룻 이야기는 나오미의 며느리인 룻과 성숙하고 건강하고 수준 높은 영적 지도자인 보아스의 아름다운 사랑 이야기다. 보아스가 이러한 아름다운 관계의 성장을 위해서 어떻게 행동하고 있는지 눈여겨 살펴볼 수 있기를 바란다. 성경을 주의 깊게 읽는다면 당신은 이미 우리가 살펴본 영적 지도자의 자질들을 발견할 수 있을 것이다.

보아스가 어떻게 모델(Model)이 되었는지 그 보기를 인용하라.

보아스가 어떻게 사역자(Minister)가 되었는지 그 보기를 인용하라.




보아스가 어떻게 멘토(Mento)가 되었는지 그 보기를 인용하라.




보아스가 어떻게 경영자(Manager)가 되었는지 그 보기를 인용하라.


## 1) 마음의 문제

영적 지도력에 있어서 기술(art)보다 마음(heart)이 중요하다는 것을 아는 것은 매우 중요한 일이다. 만약에 영적 지도력을 단순하게 포장을 하거나 모양을 만들고 꾸미는 기술적인 문제로 이해를 한다면 그러한 것들로는 아무런 열매를 맺지 못할 것이다. 이 지도력은 우리의 어떤 행동에서부터 나오는 것이 아니라, 우리의 존재에서부터 흘러나와야 한다.

우리는 이 문제를 확실하게 지적해야 할 필요가 있다. 오스왈드 샌더스(J. Oswald Sanders)는 그의 책, 「영적 리더십」(*Spiritual Leadership*)에서 영적 지도자가 발전시켜야 할 세 가지 본질적인 자질들에 대하여 말하고 있다. 우리가 행하는 모든 모델링(modeling)과 사역(ministering), 멘토링(mentoring), 그리고 경영(managing)에 있어서 다음에 소개하는 세 가지 자질들이 반드시 포함되어 있어야 한다는 것이다. 당신이 이러한 자질을 갖추고 있다면 당신과 관계를 맺고 있는 그 파트너는 당신을 따르게 될 것이고, 당신에게 반응하게 될 것이다.

- 권위가 있을 것(authoritative) : 방향을 가리키는 일에 있어서 분명하고, 단호하며, 확신에 차 있다.
- 영적일 것(spiritual) : 예수 그리스도와 같이 신실하며, 제자로서 훈련되어 있으며, 하나님의 영으로 충만한 삶이 우선적이어야 한다.
- 희생적일 것(sacrificial) : 자신의 권리를 포기할 줄 알고 타인 중심의 삶을 살 수 있어야 한다.

보아스는 어떻게 영적 지도자의 자질들을 보여주고 있는가?

권위

영적 자질

## 2) 사랑 안에서 진실 말하기

교회나 직장 혹은 이웃이나 가정 안에서 사람들과 의사소통의 관계를 세우기 전에 반드시 알아두어야 할 것이 있다. 작가이면서 목사인 빌 하이벨스(Bill Hybels)는 이렇게 쓰고 있다.

깊고 진실한 관계를 맺으며 살기를 원하는 우리 모두에게 가장 중요한 것은 한결같은 마음과 열린 대화(Integrity and Open communication)다. 그러나 우리가 살아가면서 얼마나 자주 이러한 경험을 하게 되는가? 자주 하는가? 평생에 한번 혹은 두 번? 아니면 이러한 경험이 아주 없는가?

지난 십오 년 동안 사람들로부터 결혼 관계에 있어서 감추어진 적대감과 배우자에게 말하지 않은 상처들로 손상된 관계에 대한 많은 이야기들을 들어 왔다. 관계를 해치는 몇 가지 요인들이 있는데 그 가운데서도 내가 생각하기에 가장 큰 문제는 우리가 너무나도 자주 참된 관계를 위해서 요구되는 가장 기본적인 것들을 무시해 왔다는 것이다. 그것은 바로 정직성이다. 진실을 어떻게 말할까 하는 것이 참된 관계를 맺는 일에 있어서 가장 기초가 된다.

영적 지도자로서 당신은 어려운 상황에서도 진실을 말하는 사람으로 인정받아야 한다. 오늘날에 '직면'(confrontation)이라는 말은 때때로 시끄러운 단어다. 다음에 소개하는 것은 내가 누군가의 죄의 문제나 태도, 어려움, 갈등 등에 직면할 때 그 문제를 풀기 위하여 사용하는 방법들이다.

① 당신의 분노로 인하여 기도하라.
② 당신이 먼저 접촉을 주선하라.
③ 확신을 가지고 시작하라.
④ 당신이 문제 혹은 갈등이 있다고 그에게 말하라.
⑤ 당신이 이 문제를 말하게 될 때에 당신이 왜 그것을 이해하지 못하는지를 그에게 설명하라.
⑥ 용서와 참회의 관계를 분명히 하라.
⑦ 신념이나 원칙이 아니라 그의 의견에 타협하여라.
⑧ 마지막에는 기도하고 당신의 사랑을 확인하여라.

영적 지도력은 소문난 사람이 되는 것과는 분명하게 구별된다. 영적 지도력은 가정 안에서 인위적이고, 강압적이며, 수동적이 되고 싶어 하는 인간적 경향들과 우리가 평안하게 느낄 수 있는 요소들을 완전히 깨뜨려 버리라고 도전을 주는 것이다. 오늘날 가정들과 교회들은 이와 같은 참된 영적 지도력을 애타게 찾고 있다. 여기에 남의 흉내를 내는 것이나 남을 속이고 위장하는 것은 적용되지 못한다.

나는 얼마 전에 제2차 세계대전 후에 버마(Burma)에 생긴 새로운 관습에 대하여 이야기를 들었는데, 여성들이 공공장소에서 남성들의 앞을 지나가는 것을 허용했다고 한다. 버마 남성들이 여성들을 보호하기 위해 남성이 여성 뒤에서 걷는 서양 남성들의 기사도 정신을 배운 것일까? 천만의 말씀. 전쟁 직후 버마 곳곳에 터지지 않은 지뢰가 묻혀 있었기 때문에 여성들을 먼저 걷게 한 것이다. 버마 남성들은 멍청이가 아니다.

이 이야기들을 들으며 웃는 동안 나는 반드시 언급해야 할 것이 있음을 알게 되었다. 가끔 드러나는 우리의 사랑과 섬김의 표현이 가식적이고 자기중심적인 것 같다는 점이다.

### 3) 관계를 위한 필수 요소

리더십(leadership)의 철자로 시작되는 단어들을 통하여 지도력의 중요한 요소들을 살펴보자.

**L** (듣기–listening) 어떻게 듣기를 표시하는가?

**E** (격려–encouragement) 어떻게 격려하는가?

**A** (태도-attitude) 어떻게 긍정적인 태도를 갖는가?

**D** (본 보이기-demonstration) 어떻게 신실함의 본보기를 보이는가?

**E** (갖추게 하기-equipping) 어떻게 당신의 파트너를 발전시킬 것인가?

**R** (책임지기-responsibility) 어떻게 책임을 질 것인가?

S (섬기기–servanthood) 어떻게 섬김의 본을 보일 것인가?




H (겸손하기–humility) 어떻게 하나님을 의지하는 것을 보일 것인가?




I (영감–inspiration) 어떻게 당신의 파트너에게 영감을 줄 것인가?




P (우선적인 것–priorities) 어떻게 우선순위를 택할 것인가?

이 단어들을 암기하기를 바란다. 하루에 한 번씩 큰 소리로 읽어 볼 수 있기를 바란다. 나는 당신이 좀 더 명확한 방법으로 전체적인 큰 그림을 바라볼 수 있게 되기를 바란다.

### 4) 당신을 위한 몇 가지 실제적인 단계들

당신의 리더십 여행을 시작하기에 가장 좋은 장소는 가정이다. 베드로전서 5장 1~4절의 네 가지 주제에 집중하고 다음과 같은 실제적인 단계들을 적용해 보라.

**모델(Model)**
· 다음과 같은 질문을 통하여 끊임없이 당신을 훈련하라. "예수라면 어떻게 하실까?"
· 당신의 파트너와 함께 있을 때에 당신은 그에게 모델이 된다는 것을 의식하라.
· 대화에 있어서 열려 있어야 하며 투명해야 한다.
· 함께 기도하라.
  다른 것은 없는가?

**사역자(Minister)**

· 파트너가 개인적으로 필요한 것을 찾고, 당신이 할 수 있는 것을 하라.

· 파트너가 무엇을 요청하기 전에 그녀를 섬길 수 있는 좋은 길들을 찾아보라.

· 잘못을 용서하고 파트너를 칭찬하라.

· 민감해야 하며 그녀의 필요에 참여해야 한다.

다른 것은 없는가?

**멘토(Mentor)**

· 두 사람의 관계에 장벽이 생겼거나 관계가 소원해졌을 때에 당신이 먼저 사랑으로 그 문제에 직면하라.

· 파트너의 은사를 발견하고 발견한 은사를 표현할 수 있는 출구를 찾도록 도와야 한다.

· 그녀의 영적 성장을 위하여 기도하라.

· 건설적 비판을 하라.

· 매일 똑같은 성경 구절을 읽고 두 사람이 각각 발견한 진리들을 서로 나누는 시간을 만들라.

다른 것은 없는가?

## 4. 라이프스타일 향상시키기

• 베드로전서 5장 1~4절을 암기하라.

"너희 중 장로들에게 권하노니 나는 함께 장로 된 자요 그리스도의 고난의 증인이요 나타날 영광에 참여할 자니라 너희 중에 있는 하나님의 양 무리를 치되 억지로 하지 말고 하나님의 뜻을 따라 자원함으로 하며 더러운 이득을 위하여 하지 말고 기꺼이 하며 맡은 자들에게 주장하는 자세를 하지 말고 양 무리의 본이 되라 그리하면 목자장이 나타나실 때에 시들지 아니하는 영광의 관을 얻으리라."

• 베드로전서 5장에 나타난 네 가지 기능(모델, 사역자, 멘토, 경영자) 가운데 당신이 가장 약한 부분을 택하여 앞에서 설명한 실제적인 단계들에

집중하여 훈련하라.

• 파트너와 저녁 교제의 시간을 계획하여라. 이번 주말에 파트너와 함께 단 둘이서 외식을 하며 그녀의 장점에 대한 칭찬과 함께 행동으로 그녀를 섬길 수 있는 시간을 만들어라.

# 영적 지도자가 되는 데 방해하는 요소

영적 지도자가 되는 데 방해받지 않기 위해서
우리의 약한 부분들은 반드시 다루어져야 한다.

나는 밥과 수잔이 왜 서로 어울리지 않는다고 느끼는지 명확하게 지적할 수가 없었다. 이 두 사람은 우리 교회 청년부에 출석하고 있었고, 2년이 넘도록 사귀어 온 연인들이다. 이제 두 사람은 결혼을 계획하였다. 그러나 나는 이들 사이에 뭔가 서로 맞지 않는 부분이 있음을 직감적으로 알 수 있었다. 나는 이 불쌍한 커플이 서로 결혼하기를 원하는 것을 알고 있었으므로, 이들이 왜 맞지 않는지 설명할 수 있었으면 했다. 그리고 그들이 결혼할 수 없는 합당한 이유가 있을 것이라고 생각했다.

나는 두 사람과 대화를 하면서 밥이 건강하지 못한 가정에서 자랐다는 사실을 알게 되었다. 그의 부모님은 각각 두 번의 결혼을 하였고, 두 번의 이혼을 하였다. 밥은 아버지 없이 항상 걱정이 많으신 어머니 밑에서 성장하였다. 그가 학교를 다니던 동안에 기억에 남는 것은 항상 어려운 일들을 혼자 참고 견뎌야 했던 일들이었다. 이러한 모든 상황이 지금의 밥을 만들었다.

나는 밥의 무능함이 수잔을 비롯한 주위 사람들에게 상처를 주기 쉽다는 사실을 알게 되었다. 그는 의사소통을 나누는 데 어려움이 있었고, 당면한 문제들을 회피하였다. 말할 것도 없이 밥이 영적 지도자로서 자유롭고 성숙하려 한다면 이러한 그의 약점들은 반드시 다루어지고 교정되어야 하는 것들이었다.

다행스럽게도 밥은 자신의 태도를 교정할 수 있는 행동을 취하였다. 시간이 지나면서 하나님께서는 밥이 가지고 있는 상처들을 치유하셨고, 그의 성품은 온전해졌다. 수잔과 우리 교회는 최근 몇 달 동안에 밥의 영적 지도력과 온전함으로 인해서 큰 은혜를 받게 되었다.

그러나 불행하게도 이러한 변화는 우리가 바라는 것처럼 그렇게 쉽게 일어날 수 있는 것이 아니다. 스티브(Steve)와 제니스(Janeice)가 바로 그 예가 될 수 있다. 나는 스티브에게 결혼하기 전에 몇 가지 그 자신의 문제들에 직면해야 할 필요가 있다고 이야기하였다. 그러나 그는 그처럼 심각한 문제들이 자신에게 있다는 사실을 부인하였고, 계속해서 제니스와 결혼할 것을 주장하였다. 그것도 즉시 하기를 원했다.

결국 제니스는 스티브와 결혼하였다. 그러나 결혼한 지 채 한 달도 되기 전에 스티브가 영성과 성숙의 가면을 쓰고 있다는 사실을 알게 되었다. 그렇게 2년이 되어 갈 무렵에 두 사람은 이혼 절차를 밟고 있었다. 나는 그에게 "내가 그렇게 여러 번 말하지 않았느냐?"라고 말해주고 싶었지만 그냥 참고 말았다. 스티브에게 정말로 필요했던 것은 내가 '참된 여행'(true journey)이라고 부르는 그 길을 그가 걸어갈 수 있도록 그를 인도해 줄 그 누군가였다. 그는 극복해야 할 장애물을 가지고 있었다. 그의 어두운 과거가 그에게 준 역기능들은 그가 사람들과 더불어 건강한 관계를 맺고 영적 지도자로서 살아가는 데 방해가 되는 것들이다.

아마도 당신은 스티브가 가지고 있는 몇 가지 역기능적인 장애물들을 규명할 수 있을 것이다. 이러한 일반적인 장애들은 그 사람의 문제만이 아니다. 우리도 자주 접하게 되는 것들이다.

- 무관심
- 무례함
- 주눅듦
- 무능함

당신의 생각을 정리해서 적어보세요.

현재 당신이 이해하는 영적 지도력을 생각해 보고, 하나님과의 개인적인 관계를 고려하여 영적 지도자가 되는 데 가장 큰 장애가 무엇인지 기록하여 보라.

　　타인과 관계를 맺는 일에 있어서 우리에게 모델이 되었던 사람들은 대부분 우리의 부모님이거나 가족들이라고 할 수 있다. 하나님께서 우리를 이 세상에 보내실 때에는 아무것도 할 수 없는 갓난아이의 상태로 보내신다. 부모들에게 있어서 아기들은 사랑하고, 돌보고, 발전시켜야 하는 돌봄의 대상이다. 하나님께서는 이 세상에 완전하고 성숙한 성인으로서 사람을 보내시지 않았다. 하나님께서는 이 세상의 가정들이 안전하고 평안한 환경 속에서 하나님의 사랑을 이해하는 장소가 되기를 계획하신 것이다.

그러나 현실은 하나님의 사랑과 돌봄의 모델로서의 가정이 하나님께서 처음에 의도하신 것과는 달리 오히려 상처를 받게 하고, 분노하게 되며, 두려움과 원한의 장소로 바뀌었음을 보여주고 있다. 비교적 당신이 이러한 문제들로부터 자유롭게 양육되었다고 할지라도 당신의 부모들은 여전히 인간이었으며, 때때로 당신이 양육을 받는 어린 시절 동안에 건강하지 못한 행동 방식을 갖게 하는 잘못된 씨앗들을 당신에게 심어놓을 수 있다.

만약에 진정한 영적 지도자가 되려 한다면 하나님께서 아버지로서 어떻게 우리와 관계를 맺으시며 또한 우리의 궁극적인 영적 지도자로서 우리와 어떻게 관계를 맺으시는지를 연구하고 이해하여야 할 필요가 있다. 존 다우슨(John Dawson)은 그의 글 "하나님의 아버지 마음"(The Father Heart of God)에서 부모의 지위에서의 비판적인 단면들과 부모들이 가지고 있는 하나님의 사랑에 대한 잘못된 개념에 대하여 말하고 있다.

이러한 것을 생각해 볼 때에, 나는 당신이 자신의 성장 과정을 솔직하고 면밀하게 살펴볼 수 있기를 바란다. 당신이 하나님과의 관계를 맺는 데 방해를 받고 있다면, 그것은 당신의 부모님이나 혹은 부모님 중의 어느 한 분이 당신을 사랑으로 돌보는 일에 부족하였거나 아니면 부모로서 당신에게 충분한 사랑을 주는 데 실패한 것 때문일 수 있다.

# 1. 아버지가 보여주는 것들

## 1) 부성적 권위

권위의 남용은 오늘날 사회의 모든 계층에 만연해 있다. 정부의 지도자들이나 종교계의 지도자들 그리고 가정의 지도자들조차 하나님께서 그들에게 주신 힘과 권위를 남용하고 있는 경우가 허다하다.

나는 아직도 몇 년 전에 우리 집에서 가까운 곳에 살았던 한 가정을 기억하고 있다. 그 가정에서는 사람을 좋아하고 사람들에게 사랑을 받았던 개를 한 마리 구입하였다. 그 개의 이름은 랙스(Rax)였다. 처음에 랙스는 모든 사람들의 친구가 되었다. 그러나 그 가정에서 몇 해가 지나는 동안에 랙스의 성격에 뚜렷한 변화가 오게 되었다. 랙스가 살게 된 가정은 사랑이 결여되고 권위가 남용되는 가정이었다. 랙스는 항상 집 문 옆에 있는 장승과 같은 나무 기둥에 매여 있었다. 랙스는 하루에도 몇 번씩 주인으로부터 야단치는 소리를 들어야 하고, 때로는 주인에게 매를 맞기도 하고, 벌을 받아야 하였다. 나는 랙스가 처음에는 사랑스럽고 매력이 넘치는 개에서 점차적으로 어떤 사람을 보든지 두려워하고, 사람을 무서워하는 개로 변해 가는 모습을 볼 수 있었다. 그 집의 가족들이 보여준 권위가 랙스에게는 보통사람들을 만날 때의 권위가 되었던 것이다.

당신은 하나님께 어떻게 접근하는가? 당신의 부모님에게 반응하였던 그 방식대로 당신의 하나님 아버지에게 반응하고 있을 가능성이 크다는 것을 기억하라.

당신의 생각을 정리해서 적어보세요.

호세아 11장 1~4절을 읽으라.

> "이스라엘이 어렸을 때에 내가 사랑하여 내 아들을 애굽에서 불러냈거늘 선지자들이 그들을 부를수록 그들은 점점 멀리하고 바알들에게 제사하며 아로새긴 우상 앞에서 분향하였느니라 그러나 내가 에브라임에게 걸음을 가르치고 내 팔로 안았음에도 내가 그들을 고치는 줄을 그들은 알지 못하였도다 내가 사람의 줄 곧 사랑의 줄로 그들을 이끌었고 그들에게 대하여 그 목에서 멍에를 벗기는 자 같이 되었으며 그들 앞에 먹을 것을 두었노라."

이 성경 구절 속에서 그의 백성들을 향하신 하나님의 사랑에 대하여 당신이 특별하게 받은 영향은 무엇인가? 하나님의 권위와 관련하여 당신의 마음에 떠오르는 성품은 어떤 것인가?

에베소서 6장 4절을 읽으라.

> "또 아비들아 너희 자녀를 노엽게 하지 말고 오직 주의 교훈과 훈계로 양육하라."

이 말씀을 자녀를 양육하는 데 적용하라. 당신은 부모님의 양육 태도에 대하여 어떻게 생각하고 있는가?

## 2) 부성적 신실함

우리가 지적으로 알고 있는 것과 같이, 하나님은 신실하시다. 그리고 하나님은 우리를 떠나지도 않으시며, 버리지도 않으신다. 반면에 우리 인간들은 하나님을 믿는 믿음에서 있어서 때때로 움츠러들곤 한다.

어린 시절에 경험한 깨어진 약속들과 자포자기의 기억들은 때때로 하나님을 믿지 못하는 불신의 뿌리가 되기도 한다. 당신은 어렸을 때 죽음이나 이혼으로 인해서 부모와 헤어지는 경험을 하였을 수 있다. 그렇지 않으면 특별하게 외로웠던 경험들을 기억할 수 있을 것이다.

우리가 어렸을 때에는 어머니나 아버지가 항상 옳았다고 가정하였다. 아직 어린 우리로서는 부모가 할 수 있는 능력의 제한성에 대하여 이해하지 못하였던 것이다.

도나(Donna)는 샌디에이고(San Diego)의 내가 사역하고 있는 교회에서 현명하고도 영향력 있는 지도자로 알려져 있는 여성이다. 그러나 최근에 그녀는 하나님을 믿는 데 큰 어려움이 있다고 목사인 내게 고백하였다. 일곱 살 때의 생생한 기억을 내게 이야기해 주었는데, 그 이후로 나는 그녀가 그리스도인으로서 온전하게 성장했었다면 하는 아쉬움을 갖게 되었다.

그녀의 아버지는 가족을 버린 사람이었다. 그러나 아버지는 다시 가족들에게 연락을 하고 딸인 도나와 함께 시간을 보낼 것을 약속하였다. 아버지와 만나기로 약속한 그날 도나는 가장 좋은 옷으로 갈아입고 마당에 나와서 아빠를 기다리고 있었다. 아직 어린 도나에게 이러한 기대는 처음 가져보는 놀라운 것이었다. 그러나 그렇게 기다렸던 아버지는 그날 약속한 시간에 나타나지 않았다.

도나는 지금 자신이 느끼는 불신감으로 인해 아버지를 비난하지 않을 만큼 신중한 사람이 되었다. 그러나 그녀의 의식 속에는 하나님을 믿는 데 있어서 여전히 어려움을 갖고 있다. 아버지가 만들어준 이런 불신의 기억들은 분명히 그녀의 머릿속에서 잊어버리고, 용서할 수 있도록 다루어야 할 상황이다.

당신의 생각을 정리해서 적어보세요.

**다음에 소개하는 성경 구절을 읽어보라.**

"돈을 사랑하지 말고 있는 바를 족한 줄로 알라 그가 친히 말씀하시기를 내가 결코 너희를 버리지 아니하고 너희를 떠나지 아니하리라 하셨느니라"(히 13:5).
"내가 너희에게 분부한 모든 것을 가르쳐 지키게 하라 볼지어다 내가 세상 끝날까지 너희와 항상 함께 있으리라 하시니라"(마 28:20).
"도적이 오는 것은 도적질하고 죽이고 멸망시키려는 것뿐이요 내가 온 것은 양으로 생명을 얻게 하고 더 풍성히 얻게 하려는 것이라"(요 10:10).
"우리는 미쁨이 없을지라도 주는 항상 미쁘시니 자기를 부인하실 수 없으시리라"(딤 2:13).

이러한 말씀들은 모두 하나님의 놀라운 약속들이다. 이 세상에서 육신의 아버지와 하나님 아버지를 비교하는 것은 공평하지 못하지만 당신의 육신의 아버지의 신실함을 보는 것은 유익한 일이 될 것이다. 또한 당신에게 지속적이지 못하며 변덕스러운 경향이 있다는 것을 발견하는 것도 유익한 일이 될 것이다.

당신은 아버지가 없었기 때문에 외로운 감정을 가졌던 기억이 있는가?

### 3) 부성적 관대함

부성적 관대함이란 물건에 대비하여 사람들에게 가치를 두는 것을 말하는 것이다. 우리 집에는 골동품들과 값이 나가는 보물들이 많이 있다. 그래서 우리 집에 오면 자주 듣고, 보는 말들이 있다. "만지지 마시오", "그냥 내버려두시오", "당신의 손을 주머니에 넣고, 어떤 것도 깨뜨리지 마시오." 나는 개인적으로 이 말을 좋아한다. 우리의 마음속에는 우리 자신보다도 가치 있는 물건들을 귀하게 여기는 미묘한 마음이 자리 잡고 있다. 당신을 사랑한다는 말을 잘 듣지 못하는 경우는 더욱 그렇다.

그러나 하나님께서는 본성적으로 관대하신 분이다. 당신 주변에 있는 모든 창조물들은 모두 다 하나님의 것이다. 하나님께서는 아름답고 풍요로운 세상을 우리에게 주셨다. 그리고 우리를 초대하시고 이렇게 말씀하신다.

> "너희는 여호와의 선하심을 맛보아 알지어다 그에게 피하는 자는 복이 있도다 너희 성도들아 여호와를 경외하라 그를 경외하는 자에게는 부족함이 없도다"(시 34:8~9).

**당신의 생각을 정리해서 적어보세요.**

다음에 소개하는 성경 구절을 읽어보라. 시편 37편 3~5절은 하나님의 관대하심을 말하고 있다.

> "여호와를 의뢰하고 선을 행하라 땅에 머무는 동안 그의 성실을 먹을거리로 삼을지어다 땅에 거하여 정녕히 먹으리로다 또 여호와를 기뻐하라 그가 네 마

음의 소원을 네게 이루어 주시리로다 네 길을 여호와께 맡기라 그를 의지하면 그가 이루시고."

자신이 성장할 때에 '하나님의 관대하심'으로 양육이 되었는지, 아니면 '만지지 마시오'의 철학으로 양육이 되었는지 깊이 생각하여 보라. 그리고 당신의 결론을 간단하게 적어 보아라.

## 4) 부성적 애정

소년들은 부모님들에게서, 특별히 아버지들에게서 애정 표현이라는 것을 찾아보기 힘든 경우가 종종 있다. 남성들은 동서양을 막론하고 가정에서 이러한 말을 자주 들으며 성장하였다. "울지 말거라, 아들아. 남자가 그렇게 울어서는 안 되는 거야." 남성들의 마음속에는 남에게 쉽사리 자신의 감정을 보이면 안 된다는 생각이 확고하게 자리 잡고 있다. 이러한 가르침들 때문에 우리 가운데 드러나게 애정을 표현해 보지 못한 남성들이 많이 있다. 그러나 감정을 표현하지 않고 억세게 살아간다는 것이 단지 남성다움을 상징하는 것은 아니다.

성경에 보면 하나님 혹은 예수 그리스도께서는 그렇게 하지 않으셨다. 주님은 우리의 아픔이 무엇인가를 아셨고, 또한 우리의 승리를 기뻐하셨다. 주님께서 갖고 계신 감정의 용량은 우리의 감정의 용량보다 훨씬 큰 것이다. 왜냐하면 주님은 사람이 경험할 수 없는 고통과 거부당함을 이미 알고 계셨고, 이해하고 계셨기 때문이다.

우리 모두는 애정을 필요로 한다. 태어나서 두 살이 될 때까지 충분히 육체적으로 정서적인 사랑을 부모로부터 받지 못하고 성장하는 아이들은 정체성에 문제가 생기게 된다. 그레이 스말리(Gray Smally)와 존 트렌트(John Trent)는 그들의 책 「축복」(The Blessing)에서 우리의 주변 사람들에게 축복을 빌어주는 것에 대하여 말한다. 축복은 다음의 다섯 가지 요소로 구성되어 있다.

- 의미 있는 접촉
- 복을 선언하는 언어
- 높은 가치의 표현들
- 특별한 미래에 대한 묘사
- 참 헌신의 적용

토드(Todd)는 저녁에 잠을 잘 때 어두움 속에 혼자 남겨지고 싶지 않다고 생각하였다. 이것은 그가 다섯 살 때의 기억이다. 토드는 엄마에게 밤이 다하도록 자기 옆에는 엄마가 있어야 한다고 주장을 하였다. 엄마는 그에게 하나님께서 항상 너와 함께 하신다는 사실을 상기하라고 하였다. 그러나 토드는 이렇게 말하였다. "엄마, 저도 그 사실을 알고 있어요. 그렇지만 내게는 옆에 있어 줄, 살을 맞대고 있을 누군가가 필요하단 말이에요."

하나님의 사랑은 가족들을 통하여 경험되고 눈으로 보이도록 의도되었다. 이러한 사랑이 없을 때 사람들은 건강하지 못한 것에서 그 사랑을 찾으려고 하게 된다. 하나님께서는 가족들과의 관계 속에서, 하나님과의 관계에서 건강하도록 우리를 부르신 것이다.

당신의 생각을 정리해서 적어보세요.

1에서 10까지의 범위에서 당신은 얼마나 당신의 감정을 잘 표현한다고 생각하는가? 1은 자신의 감정을 전혀 밖으로 표현하지 못하는 것이고 10은 당신의 감정을 표현하는 데 있어서 완전히 자유로운 것을 말한다.

| 1 | 2 | 3 | 4 | 5 | 6 | 7 | 8 | 9 | 10 |
|---|---|---|---|---|---|---|---|---|----|

자신의 감정을 잘 표현하는 능력은 당신이 하나님 혹은 다른 사람들과의 관계를 맺는 데 있어서 당신을 돕는 것인가, 아니면 해치는 것인가?

### 5) 부성적 용납

우리는 '성취의 도시'(Performance City, Performance는 실행이나 이행으로도 번역할 수 있다)에 살고 있다. 사람들은 대부분 다른 사람들이 전에는 가보지 않은 곳으로 용감하게 가기를 원하고, 남보다 좀 더 잘 행하고, 좀 더 높이 오르기를 주장한다. 태어나서 대소변을 가리는 훈련을 받을 때부터 청소년기에 이르도록 우리가 성취한 것들로 인해서 부모님들의 칭찬을 받아왔다.

그러나 실제로 우리는 학교에서 좋은 성적을 받고, 팀을 세우며, 돈을 버는 일들로부터 과중하게 압박을 받고 있다. 만약에 우리가 완성해야 하는 것들을 "만약에 내가 이것을 한다면 혹은 이것을 잘 한다면 또는 최고로 잘한다면 그러면 나는 사람들의 사랑을 받을 수 있을 것이다"로 바꾸면 좀 더 쉽게 이러한 말을 이해할 수 있을 것이다.

당신이 성장하는 동안에 살아온 많은 시간들, 그 시간들의 일부분이든 혹은 많은 부분을 이렇게 묘사할 수 있는 반면에 하나님의 사랑은 아무런 조건 없이 우리를 향하여 주어진 것이다. 하나님의 사랑에는 어떤 조건도 없다. 우리가 사랑을 받는 것은 우리가 일꾼으로서 일을 잘 하였기 때문이 아니다. 바로 하나님의 자녀라는 우리의 신분이다.

댄(Dan)과 마우라(Maura)는 14년 동안 결혼생활을 하고 있는 부부였다. 그들은 세 명의 자녀를 두었고, 도시 근교에서 멋진 생활을 하였다. 그러나 마우라는 일 년 전부터 나와 상담을 나누고 있는데 남편 댄이 시간이 흐를수록 점점 더 아내인 마우라에게 참지 못하는 과격한 성품이 되어 간다는 것이었다. 결과적으로 그들이 전문상담가를 만나고 있다는 사실을 알게 될 때까지 나는 그 문제의 전체적인 것을 이해하지 못하였다. 그 후에 나는 댄과 대화를 나누게 되었을 때에, 그들의 결혼생활과 가정이 개선되었느냐고 물었다. 그는 한동안 조용히 있다가 천장을 응시하였다. 잠시 동안 시간이 흐른 후에 그는 나를 바라보면서 머리를 흔들었다. 그는 눈물이 그렁그렁한 눈으로 내게 이렇게 말하였다. "팀, 나는 지금 분노와 괴로움으로 가슴이 가득 차 있다네. 나는 무엇을 어떻게 해야 할지 모르겠어. 그것은 마우라의 실수도, 또 아이들의 실수도 아니야. 사실 나는 가정 밖으로 돌고 있고 그렇게 하는 자신을 싫어하고 있다네."

나는 조용히 원인을 조사하여 보았다. 댄의 어려움 속에는 다음과 같은 요소들이 있었는데 이것은 그리 놀랄 만한 일이 아니다.

- 성장기의 가정생활을 돌이켜보면 그는 성취의 덫에 빠져 있다.
- 그의 부모의 기대는 한없이 높았고, 그도 아내와 아이들에게 자신의 부모님과 같이 비현실적 기준을 세워놓고 있었다.
- 그는 결혼을 하게 되면 자신은 아버지와 같지 않을 것이라고 말하였다. 그러나 그 역시 아들들에게 자신의 아버지와 정말 흡사한 모습을 보이고 있었다.
- 14년의 결혼생활 후에 이 가정에 나타난 증상들은 댄의 부모님이 같은 기간의 결혼생활 후에 경험한 증상들과 거의 비슷하였다.

우리는 같이 기도하였다. 그러나 두 주 후에 마우라는 더 이상 참을 수가 없었다. 그래서 그녀는 댄에게 혼자서 떠날 것을 요청하였다. 좋은 소식은 댄이 이 일에 잘 반응하였다는 것이다. 그는 이 문제의 해결을 위하여 주도적인 사람이 되었다. 그리고 자신의 정체성과 안정에 관한 문제에 직면하였다. 그는 어떻게 하면 가정에서 영적인 리더가 될 수 있는가를 공부하는 작은 그룹에 참여하게 되었다. 그 후 약 삼사 개월 동안 하나님의 치유의 손길이 댄에게 임하는 모습을 볼 수 있었던 것은 참으로 놀라운 일이었다. 그 후에 댄과 마우라는 다시 결합하게 되었고 행복한 가정생활을 할 수 있었다.

당신의 생각을 정리해서 적어보세요.

시편 46편 10절을 읽으라.

"이르시기를 너희는 가만히 있어 내가 하나님 됨을 알지어다 내가 뭇 나라 중에서 높임을 받으리라 내가 세계 중에서 높임을 받으리라 하시도다."

스바냐 3장 17절을 읽으라.

"너의 하나님 여호와가 너의 가운데에 계시니 그는 구원을 베푸실 전능자이
시라 그가 너로 말미암아 기쁨을 이기지 못하시며 너를 잠잠히 사랑하시며 너
로 말미암아 즐거이 부르며 기뻐하시리라 하리라."

당신은 안정감을 느끼고 있는가? 기쁨을 느끼는가? 하나님의 사랑 안에서
쉼을 갖는가? 아니면 아직도 안정을 느끼지 못하는가? 아직도 그곳에는 항
상 당신이 해야 할 일이 있다고 생각하는가? 이러한 것들이 당신과 가까운
사람들과의 관계에 어떻게 영향을 주고 있다고 생각하는가?

당신이 노력을 하지 않고, 어떤 가치 있는 일을 하지 않았는데도 당신에게
조건 없이 주어지는 사랑을 받아들이는 것이 어려운가? 당신의 생각을 간략
하게 적어보라.

## 2. 장애물 극복

어린 시절 우리의 부모가 나쁜 혹은 잘못된 사람들이었다고 확신을 갖게 한 것은 나의 의도가 아니다. 오히려 그와는 정반대다. 이 단원의 목적은 이미 존재하는 상처들의 치유를 시작하는 데 있다. 상처는 드러나기 전에는 결코 치유되지 않는다. 이 세상에는 완전한 사람이 없으며 완전한 부모도 없다. 우리 모두는 다른 사람과 관계를 맺는 데 있어서 실패를 경험한 일이 있다. 부모로서 혹은 다른 역할을 하는 데 있어서도 많은 실패를 경험하였다. 우리는 때로 이러한 실패들로 인해서 관계를 확장하는 일에 고통을 느끼기도 한다.

이 일에 있어서 정말로 중요한 것은 하나님이 어떤 분인지를 바르게 이해하는 것이다. 내가 염려하는 것은 우리가 충분히 검토하지도 않고 이 일을 그만두겠다고 하는 것이다. 만약에 우리가 어떤 일도 행하지 않으면서 오래된 기억이나 상처들을 드러낸다면 그것은 바람직하지 못하다. 이 일은 책임을 묻고 비난하려고 하는 것이 아니다. 문제를 바로 잡아 보려고 하는 것이다. 과거의 상처들을 다룸으로써 자신의 문제가 밝혀지고, 성품이 온전해질 수 있기 때문이다. 사람들이 가지고 있는 마음의 상처들은 그 사람의 성품에 결함을 갖게 하며, 그러한 결함들은 건강한 영적 지도자가 되는 데 방해가 된다.

감정적인 온전함과 하나님의 치유는 이해하기 어려운 것이 아니다. 그것은 단순하게 하나님의 진리와 은혜에 아직 해결되지 않은 우리의 문제들을 맡기는 것까지 포함한다. 결과적으로 우리는 우리가 가지고 있는 문제들을 부인하지 않고, 하나님 앞에 솔직하고 정직한 모습으로 나갈 수 있게 되는 것이다. 그렇게 할 때 비로소 우리는 건강한 지도력을 가질 수 있게 된다.

## 3. 상처와 괴로움을 깨뜨리는 단계

당신의 인격에 결함이 있거나 당신의 성품이 온전하지 못한 것은 당신의 부모 혹은 권위에 의해서 당신이 경험한 하나님에 대한 그림이 정확하지 못했기 때문이다. 다음에 소개하는 과정들은 아마도 당신의 이러한 문제들을 개선하는 데 많은 도움을 줄 것이다. 이것은 상처와 괴로움을 치유하는 데 필요한 과정들이다. 나는 당신이 파트너와 함께 각각의 과정들을 진행할 수 있기를 권하고 싶다.

① 회상(Recall) : 당신이 가지고 있는 상처의 원인과 괴로움, 하나님께 정확하게 반응하지 못한 무능력의 사건들을 목록으로 작성하고 하나님께 도움을 구하라.
② 재건(Reconstruct) : 당신이 다른 사람에게 혹은 하나님께 상처 준 것을 보여달라고 구하라.
③ 해방(Release) : 하나님께 그리고 개인적인 일들에 대하여 용서를 구하라.
④ 요청(Request) : 용서와 치유를 위해 성령께 도와달라고 구하라. 그리고 옳은 일을 할 수 있도록 하나님께 구하라.
⑤ 포기(Renounce) : 어떤 비통함도 거절하라. 그에 대한 모든 기억을 없애 버려라.
⑥ 돌아섬(Return) : 사람들의 삶과 사역에 다시 관여하라.

## 4. 변화를 위한 통찰력

• 기억하라 : 이것은 과정이다. 위의 단계들은 실행하기 위해 따로 시간을
  내야 하는 것이 아니다.
• 이 과정을 통하여 당신의 파트너에게 정직해야 하며 마음이 열려 있어야
  한다. 그녀와 함께 이러한 단계들을 밟지 못한다고 하더라도 그녀를 의식
  하고 기도해야 할 필요가 있다. 당신의 친밀함을 공개하라.
• 마술 같은 일은 없다. 치료하시는 분은 성령이시다. 내가 행하는 그 단계
  때문에 회복되는 것이 아니다. 하나님을 신뢰하라. 당신이 행하는 일들은
  하나님의 사랑과 은혜로 성취될 것이다.

## 5. 삶의 스타일 발전하기

• 영적 리더가 되려고 하는 당신을 방해하는 숨어 있는 상처들과 아직 해
  결되지 않은 마음의 상처들을 보여 달라고 하나님께 구하라. 하나님의 말
  씀을 들을 수 있는 조용한 묵상의 시간을 가져라.

• 호세아 11장 1~4절을 암기하라.

"이스라엘이 어렸을 때에 내가 사랑하여 내 아들을 애굽에서 불러냈
거늘 선지자들이 그들을 부를수록 그들은 점점 멀리하고 바알들에게
제사하며 아로새긴 우상 앞에서 분향하였느니라 그러나 내가 에브라
임에게 걸음을 가르치고 내 팔로 안았음에도 내가 그들을 고치는 줄을

그들은 알지 못하였도다 내가 사람의 줄 곧 사랑의 줄로 그들을 이끌었고 그들에게 대하여 그 목에서 멍에를 벗기는 자 같이 되었으며 그들 앞에 먹을 것을 두었노라."

- 당신이 유능한 영적 지도자가 되는 것을 막거나 방해하는 장애물들과 관련하여 당신의 파트너와 함께 기도하라.

# 5 모델로서의 영적 지도자

우리의 개인적인 삶이

우리와 가장 가까이에서 살아가는 사람들에게

실제 모델이 된다.

나와 아내는 지금 살고 있는 이 집에서 6년쯤 살았다. 3년 전부터 우리는 뒤뜰을 골프 연습장으로 사용하고 있다. 처음 집을 장만하였을 때 이곳은 거친 흙과 명아주 풀로 가득 채워져 있었다. 그곳은 가꾸지 않아서 엉망이었다. 그러나 집 앞의 정원은 분위기가 다르다. 그곳은 깨끗하고, 멋있고, 온갖 꽃들로 채워져 있었다. 아마도 당신은 정원을 가꾸고 풀을 뽑느라고 푸른색으로 물들여진 내 엄지손가락을 상상할 수 있을 것이다.

그러면 무엇이 이처럼 정원의 앞과 뒤를 다르게 한 것인가? 그것은 간단하다. 앞에 있는 정원은 우리 소유물 가운데 사람들에게 보이는 부분이다. 많은 사람들이 매일 그 앞을 지나다닌다. 결과적으로 우리는 그것이 좋게 보이게 하는 동기를 부여받은 것이다. 그러나 뒤쪽의 정원은 6피트 높이의 담장으로 둘러져 있다. 그곳을 보고 싶어 하는 사람은 한 사람도 없다.

어느 날 나는 집 뒤편에 있는 테라스에 서서 가꾸지 않은 뒤뜰을 바라보다가 하나님께서 주신 풍성한 진리를 깨달았다. 나는 나의 정원을 가꾸듯이 나의 삶을 다룬 것이었다. 사람들 앞에 드러나는 나의 사람 됨됨이는 아름답고 훌륭한 것이었다. 바르게 보고, 바르게 말하고, 바르게 행동하였다.

그러나 내 삶의 개인적인 부분들은 충분하게 주목받을 만큼 받아들여지지 못하였다. 이는 나의 성품, 동기, 생각들인데 문제는 그러한 것들이 알지 못하는 사이에 사람들에게 모델이 된다는 점이다. 결국 나는 뒤뜰에 있는 정원처럼 알아주는 사람들이 없고, 박수가 없어도, 보이지 않는 그곳을 이해하게 되었다. 사람들은 그곳에서는 남의 시선을 의식하지 않고 방치해 둔다.

나는 이러한 것이 바로 우리 시대의 딜레마라고 생각한다. 우리는 사생활에 실패한(아마도 종교 지도자들까지도) 지도자들이 다스리는 나라에서 살고 있다. 이러한 개인적인 부분들이 실제로 우리 주변의 가까운 사람들에게는 더욱 크게 보인다는 것이 문제다. 비록 얼마 동안은 인간적인 수완이나 권위로 감출 수 있다고 할지라도 다른 사람들이 이것을 발견하는 데는 그리 오랜 시간이 걸리지 않는다. 사람들은 그 사람에게 실제로 존재하는 본보기가 무엇인가를 본능적으로 쉽사리 구별하게 되어 있다.

예수께서는 "선한 사람은 그 쌓은 선에서 선한 것을 내고 악한 사람은 그 쌓은 악에서 악한 것을 내느니라(마 12:35)"라고 말씀하셨다. 이러한 말씀은 부정적인 측면에서도 그렇다. 이것이 "사도행전 3장의 원칙"이다. 사도행전 3장에 나오는 베드로의 말을 기억하는가?

"제 구 시 기도 시간에 베드로와 요한이 성전에 올라갈새 나면서 못 걷게 된 이를 사람들이 메고 오니 이는 성전에 들어가는 사람들에게 구걸하기 위하여 날마다 미문이라는 성전 문에 두는 자라 그가 베드로와 요한이 성전에 들어가려 함을 보고 구걸하거늘 베드로가 요한과 더불어 주목하여 이르되 우리를 보라 하니 그가 그들에게서 무엇을 얻을까 하여 바라보거늘 베드로가 이르되 은과 금은 내게 없거니와 내게 있는 이것을 네게 주노니 나사렛 예수 그리스도의 이름으로 일어나 걸으라 하고 오른손을 잡아 일으키니 발과 발목이 곧 힘을 얻고 뛰어 서서 걸으며 그들과 함께 성전으로 들어가면서 걷기도 하고 뛰기도 하며 하나님을 찬송하니 모든 백성이 그 걷는 것과 하나님을 찬송함을 보고 그가 본래 성전 미문에 앉아 구걸하던 사람인 줄 알고 그에게 일어난 일로 인하여 심히 놀랍게 여기며 놀라니라"(행 3:1~10).

앉은뱅이가 돈을 구할 때에 베드로는 "은과 금은 내게 없거니와 내게 있는 이것을 네게 주노니 나사렛 예수 그리스도의 이름으로 일어나 걸으라"고 하였다. 이 말씀의 원리는 간단하다. 우리는 우리가 가진 것으로만 다른 사람에게 줄 수 있다는 것이다.

이 단원에서는 영적 지도자의 가장 기본적인 직무에 초점을 맞추려고 한다. '모델'(Model)로서 당신의 직무는 다른 사람이 볼 수 있도록 당신의 성품에 있어서 본보기가 되는 것이다. 간단히 말하면 우리는 예수 그리스도와 같은 본보기에 대하여 말하는 것이다. 사도 바울이 "내가 그리스도를 본받는 자 된 것같이 너희는 나를 본받는 자가 되라"(고전 11:1)고 한 말씀처럼 살아가는 것이다.

다행스럽게도 모델이 되기 위하여 내가 그린 만화처럼 그렇게 할 이유는 없다는 것이다. 그러나 좀 더 본보기가 된다는 것은 외관상으로 나타나는 그 이상의 것이라고 하는 것이 분명하다.

## 1. 왜 당신은 모델이 되어야만 하는가?

좋은 본보기가 되어야 한다고 생각은 하지만 실제로 좋은 본보기가 된다는 것에 대하여 자신 없어 하거나, 자신이 자녀에게 거는 기대와는 다르게 행동하는 사람들이 많이 있다. 이는 자신의 아들에게 정직성을 가르치고 싶은 아버지가, 자신을 찾는 전화를 받고 있는 아들에게 아버지가 지금 자리에 없다고 말하라고 하는 것과 같다.

헌신에 대하여 아들에게 가르치고 싶은 아버지가 있었다. 그런데 그 아버지가 어머니와 이혼 수속 중이라고 생각하여 보라. 그런 그가 아들에게 헌신에 대하여 가르칠 수 있겠는가? 아들에게 술은 사탄의 것이라고 말하는 아버지가 자신은 축구 경기를 관전하며 술을 마시고 있다면 아들이 아버지를 어떻게 생각하겠는가?

당신에게 본보기가 될 수 있는 좋은 원칙은 다음과 같다.

> "사람들은 자신들이 귀로 듣는 것을 행하지 않는다. 그들은 눈으로 보는 것을 행한다."

다음은 직접 관계는 없으나 통계조사의 결과들을 밝힌 것이다.

**통계 1** : 다음은 부모의 예에 따른 아이들의 교회·교회학교 참석 여부에 대한 통계이다. 다음은 인디애나폴리스(Indianapolis) 테크(Tech)의 「도전」(Challenge)이라는 소식지에서 발췌한 것이다.

• 72% - 부모 모두 교회와 주일학교에 참석하는 어린이

- 52% – 아버지만 참석하는 어린이
- 15% – 어머니만 참석하는 어린이
- 5% – 양 부모 모두 참석하지 않는 어린이

영적 지도자로서 위의 통계는 무엇을 말하는가? 소식지 「도전」에 실린 글은 계속해서 다음과 같이 말하고 있다.

> 1940년에 학생들의 최고 범죄는 수업시간에 이야기하기, 껌 씹기, 떠들고, 홀에서 뛰어 다니고, 규정을 어기고, 학교생활에 적합하지 않은 옷을 입고, 쓰레기통에 쓰레기를 넣지 않는 것 등이었다.
>
> 1982년에 학생들의 최고 범죄는 바뀌었다. 그들은 강간을 하고, 강도 짓을 하고, 폭행을 하고, 도적질을 하고, 방화를 하고, 폭탄테러, 살인과 자살을 하였다.
>
> 어린이들의 행동은 40년 동안에 급작스럽게 변하였다. 왜 그랬을까? "오늘날의 십대들은 당신이 기억하는 과거의 그것들과는 다른 세계다. 핵가족은 파괴되었다. 수없이 많은 텔레비전과 방송매체들은 청소년들을 방송에서 자주 등장하는 유행어나 비속어를 쓰는 소년 소녀들로 바꾸어 놓았다. 록 가수들처럼 옷을 입게 하고, 평상시에도 마치 게임처럼 다른 사람들을 경쟁자로 생각하게 바꾸어 놓은 것이다."

또 이런 글도 있었다.

> 7년 전에 캘리포니아대학(The University of California)에서 5~6학년 학생들에게 가장 슬프고, 걱정스럽고, 낙심하게 하는 것이 무엇인지를 물어보았다. 가장 높은 답변은 무엇이었을까? 그 대답은 부모가 별거

하거나 이혼하는 것, 부모가 서로 말다툼하는 것, 그리고 자신들과 시간을 함께 보내지 않는 부모를 갖는 것이라고 하였다.

만약 우리가 가정에서 본보기 역할을 제대로 하지 못한다면, 우리 가족은 어디에서 그 모델을 찾을 수 있을까?

통계 2 : 몇 년 전에 우리 교회의 대학부와 청년부에서는 샌디에이고 주립 대학(San Diego State University) 학생들에게 다음과 같은 설문조사를 한 일이 있었다. '당신 생각에 미국에서 잃어버린 것이 무엇인가' 하는 질문이었다. 이에 대하여 대학생들이 가장 많이 응답한 내용은 미국 안에 자신들이 따라야 할 삶의 모델이 될 만한 사람이 없다는 것이었다.

지난 25년 동안 대부분의 젊은 사람들은 정치 지도자들을 본받는 것을 포기하였다. 또한 직업적 운동선수들 가운데 좋은 인품을 가진 사람들이 25년 전보다 더욱 줄어든 것도 사실이다. 우리가 자주 접하는 선수들은 과거의 선수들에 비하여 이기적이고, 탐욕적인 모습들을 보여주고 있으며 수백만 달러의 협상에서 중재자들을 통해 욕심으로 가득 찬 모습을 보여주는 경우가 허다하다. 게다가 지난 10여 년 동안 우리에게 잘 알려진 라디오 방송 설교가들과 텔레비전 방송을 통해서 복음을 증거하는 사람들 가운데 일부가 우리에게 알려진 모습과는 전혀 다른 삶을 살고 있다는 사실이 밝혀졌다. 아직도 그들은 세상의 관심을 받고 있는데 그것은 그들의 삶이 세상 사람들의 눈에 드러나기 때문이다. 이러한 일들은 충격이었으며 많은 사람들에게 큰 실망을 안겨주었다.

우리 시대의 어려운 문제 가운데 하나는 공과 사의 구별이다. 우리에게 많이 알려진 지도자들은 사람들에게 보여줄 수 있는 충분한 카리스마를 가지고 있다. 그러나 그들이 실패하는 중요한 원인은 하나님 앞에서 자신의 삶을 온전한 모습으로 조절할 수 있는 충분한 능력을 갖지 못하였기 때문이다. 여러 사람들 앞에서 보여지는 모델로서 온전한 삶의 스타일은 따라가지 못하고, 단지 사람들 앞에서 입술로 하는 서비스만 계속 하고 있다. 사람들에게 보여주기 위한 쇼(Show)가 계속 되고 있는 것이다.

1986년에 7명의 생명과 함께 끔찍하게 폭발한 우주 왕복선 '챌린저'호를 기억하는가? 사고가 일어난 직후에 리포터들은 나사(NASA)의 상위 부서에서 일하는 연구원들이 다른 부서의 연구원들에게 우주선이 비행을 시작하기 전에 좀 더 점검을 해야 한다고 경고하였다는 사실을 발견하였다. 그러나 연구원들의 경고는 무시되었고 쇼는 계속되었다. 결과는 매우 참혹하였다. 경고를 무시한 사람들은 그 끔찍한 대가를 지불해야만 하였다.

핵심은 분명하다. 우리는 삶의 외적인 부분보다도 내적인 생활에 우선적으로 주목해야 한다. 왜냐하면 그러한 것들이 우리로 하여금 모델이 되게 할 것이며, 우리 가까이에서 살아가는 사람들을 영적 지도자로 재생산할 수 있기 때문이다.


## 2. 당신이 모델이 되어야 한다

당신이 사람들에게 본보기가 되어야 한다는 명제에 대하여 당신은 나와 동떨어진, 저 멀리에 앞서 가고 있는 능력이 많고 위대한 사람들의 일이라고 느낄 수도 있다. 그러나 결국 우리 가운데 완전한 사람은 없다. 그리스도와 같은 사람도 이 세상에는 없다. 그러면 어떻게 이러한 압도적인 과제들을 우리가 수행할 수 있을까? 본보기가 된다고 할 때 과연 우리가 어디에서부터 이 일을 시작할 수 있을까?

나는 이런 질문을 자주 듣는다. "나는 모든 분야에 있어서 완전하지 못합니다. 그러나 나의 파트너와 가족들에게 본보기가 되어야 한다면 무엇이 가장 중요한 것입니까?" 혼자서 살아가는 사람들은 이렇게 질문하기도 한다. "나를 바라보는 가까운 사람들에게 무엇을 보여주는 것이 가장 중요합니까?" 나는 이것이 참으로 좋은 질문이라고 생각한다. 다음은 이러한 질문에 대하여 내가 가장 중요하게 생각하는 것들 가운데 다섯 가지를 소개한 것이다.

| 자질 | 당신의 가족이 하게 될 질문 |
|---|---|
| 태도 | 그는 긍정적이고 신실한 태도를 보여주는가? |
| 하나님과 함께 하는 시간 | 그는 기도를 통하여 순종하는 모습을 보여주는가? |
| 대화 | 그의 대화는 어떻게 훈련되어 있는가? |
| 가족과 함께 하는 시간 | 가족과 함께 하는 시간이 그의 생애에 있어서 중요한 것인가? |
| 연관 | 그가 밖에서는 누구와 함께 보내는가? |

당신의 생각을 정리해서 적어보세요.

이처럼 모델이 되는 일을 어떻게 할 것인가? 당신의 자질 가운데 가장 강한 것은 어떤 것인가? 또 가장 약한 부분은 어떤 것인가?

내가 다니던 대학의 교목인 밥 스탬프(Bob Stamp) 목사는 어느 날 오후에 아내와 두 어린 아들과 함께 시간을 보내기 위하여 평소보다 일찍 집으로 돌아오게 되었다. 그는 집에 아내가 없는 것을 알고, 가족 모두 외출하였다고 생각하였다. 그때 어디선가 아이들의 떠드는 소리가 들려 왔다. 깔깔대며 떠드는 소리는 거실 뒤에 있는 아이들의 방에서 들려오는 소리였다. 그것은 아이들의 웃음소리였는데 밥 목사에게는 그리 좋은 느낌을 주는 소리가 아니었다.

아이들 방으로 간 밥 목사는 놀라운 광경을 목격하였다. 아이들은 각자 가위를 가지고 서로의 머리를 잘라주고 있었다. 둘 다 머리를 싹둑 잘라내서 앞이마에 한 오라기의 머리카락도 남겨 놓지를 않았던 것이다. 밥은 기절할 것 같았다. 화가 머리끝까지 난 그는 우선 가위를 모두 치우고 큰아이를 잡아서 볼기를 세차게 때려 주었다. 그러면서 무릎을 꿇고 있는 작은녀석을 바라보자, 그 아이는 울면서 아버지를 바라보고 있었다. 그리고 이렇게 말하였다.

"아빠, 우리도 아빠처럼 되려고 했단 말이에요."

그 말을 들은 밥은 그만 때리는 것을 중단하였다. 그는 대머리였던 것이다.

다시 말해서 영적 지도력은 이런 것이다. 그리스도 안에서 당신이 하나님을 닮으려고 하는 것처럼, 당신을 닮으려고 하는 사람을 갖는 것이다. 아이들은 항상 그들의 부모와 같이 보이기를 원한다.

## 3. 성육화된 지도력

모델이 되는 것에 있어서 문제점과 그 해결책을 살펴보기로 하자. 이미 언급한 것과 같이 지도력은 당신이 어떤 것을 시행할 것인가를 생각하기 전에 당신이 누구인가를 생각하는 것이다. 그것은 '행함 이전에 존재'의 문제다.

한 전문상담가는 많은 경우에 발생하는 중요한 문제들이, 우리가 인간이 되기 이전에 '인간=행함'이 되려고 하기 때문에 생기는 것이라고 지적하였다. 인간 존재 자체가 당신 삶의 일부분이 될 때에 비로소 진정한 모델이 될 수 있다. 그래서 우리는 이것을 성육화된 리더십이라고 한다.

다음의 도표는 교회 지도자들을 위하여 존 맥스웰 박사(Dr. John Maxwell)가 처음으로 소개한 것이다. 이 도표는 왼쪽(나는 무엇인가?-What I am?)에서 시작하여 중간 부분(나는 무엇을 행하여야 하는가?-What I do?)을 거쳐서 오른쪽(결과-Result)으로 향하는 것을 보여준다. 그러나 우리는 결과를 보여주는 것이나, 눈에 보이는 생산성에만 몰두해 있기 때문에 때때로 오른쪽에서 왼쪽으로 가려고 하는 유혹을 받게 된다.

| 나는 누구인가? | 나는 무엇을 하는가? | 결과 |
|---|---|---|
| 겸손함 | 하나님을 의존함 | 능력 |
| 확신 | 희생(Sacrifice) | 헌신 |

| 사람을 사랑 | 나눔(give) | 안전 |
|---|---|---|
| 비전을 가짐 | 목표 설정 | 고결함 |

예를 들어 능력을 갖고 살기를 원한다면 도표에서 왼쪽으로 먼저 눈길을 향하여야 한다. 열심을 갖고 하나님께 의존할 때 능력 있는 삶을 살게 되는 것이다. 우리가 받는 대부분의 시험은 우리의 힘을 의존하며 기도하지 않을 때다. 그러면 우리는 실망하게 될 것이다. 그러나 하나님께서는 우리에게 말씀하신다. "왜 단순하게 겸손하지 않는가? 왜 너의 존재 안에 겸손한 모습을 발전시키지 않는가? 겸손하게 낮아진다면 너는 자연히 나를 의존하게 될 것이고, 그 결과 너는 능력을 얻게 될 것이다."

진실한 헌신도 마찬가지다. 우리는 헌신의 결과를 가족들의 삶, 특별히 자손들을 통하여 볼 수 있기를 갈망하고 있다. 헌신의 결과가 어떻게 이루어지는가를 보고 싶은 마음에 더더욱 희생하게 되는 것이다. 그러나 그것을 짧은 시간에 이루려고 하면 쉽게 지치게 된다. 하나님은 응답하신다. "확고한 믿음을 갖도록 하라. 그러면 너는 네가 가진 확신에 대하여 자연스럽게 희생할 수 있을 것이며 너를 따르는 사람들을 위해 헌신하게 될 것이다."

이러한 주제에 대하여 잘못 접근하게 될 때 일어날 수 있는 예가 있다. 이 이야기는 실제 우리 교회에서 일어난 것이다. 우리는 언제나 성가대에 높은 점수를 주었다. 계속해서 젊고 재능 있는 싱어(Singer)들을 단에 세우고 그들이 부르는 찬양을 칭찬하였다. 그러나 불행하게도 그 많은 찬양들을 영적으로나 감정적으로 충분하게 준비할 수 있는 시간을 주지는 못하였다. 그 결과 그들은 찬양실력만큼 신앙과 인품이 성장하지 못하는 불균형을 이루었다. 그 젊은 음악가들은 정신적인 혼란을 겪었는데 그것은 그들이 공연 후에 받는 열광적인 박수갈채 때문이었다. 솔직히 말해서 하나님의 축복을 위하여 영적으로 준비되지 못한 그들에게 보낸 박수 갈채는 실수였다.

나는 최근에 동일한 혼란을 경험하고 있는 스물여섯 살 된 청년과 대화를 나눈 일이 있다. 그는 아직 영적 성장을 이루지 못하고 있는 청년이었다. 사람들은 그에게 성숙된 '존재'(Being)가 되어야 함을 강조하기 전에 '행함'(Doing)을 강조하였고, 그는 이 때문에 영적으로 혼란스러워하였다.

**당신의 생각을 정리해서 적어보세요.**

위에서 소개한 도표와 같이 우리는 오른쪽에서 왼쪽으로 옮겨가려는 경향이 있다. 어떻게 하면 바로 잡을 수 있겠는가? 왜 그렇게 생각하는가?

도표의 왼쪽에 있는 좋은 기질들을 갖기 위하여 당신이 취해야 하는 단계들은 어떤 것이 있는가?

## 4. 당신의 네트워크

인맥 네트워크(Net-work)를 구체화해 봄으로써 당신 자신에 대하여 많은 이야기를 할 수 있을 것이다. 키스 드러리(Keith Drury)에 의해서 발전된 다음의 도표를 채워보라. 당신의 삶에 영향을 준 사람들의 이름을 기록하라. 당신의 삶이 어떻게 투자되었는지, 또 누가 당신에게 영향을 주었는지, 확인해 봄으로써 앞으로 어떤 것을 조절해야 할지 더욱 잘 알게 될 것이다.

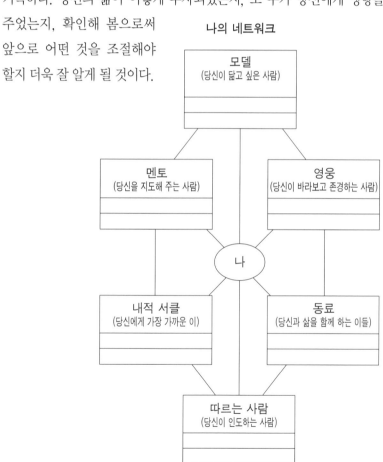

나의 네트워크

모델
(당신이 닮고 싶은 사람)

멘토
(당신을 지도해 주는 사람)

영웅
(당신이 바라보고 존경하는 사람)

나

내적 서클
(당신에게 가장 가까운 이)

동료
(당신과 삶을 함께 하는 이들)

따르는 사람
(당신이 인도하는 사람)

• 당신에게 모델, 멘토, 영웅이 되는 사람들을 기록하여 보라.

• 당신이 시간을 어떻게 사용하는지 지켜보는 사람들을 기록하여 보라.

• 당신의 삶에 우선적으로 등장하는 사람들을 기록하여 보라.


## 5. 당신의 영향력 해석하기

당신이 모델이 되려 한다면 그 성격을 규정해 보아야 하는데 리더십을 이해하는 데 있어서 가장 핵심적인 요소는 영향력이다. 다음 문장을 생각하여 보라: 지도력은 영향력이다(Leadership is influence).

지도력이 무엇인가를 설명하는 데 있어서 '영향력'은 참으로 뛰어난 단어다. 왜냐하면 우리 모두는 누군가에게 영향을 주는 사람들이기 때문에, 지도력을 행사하는 데 있어서 일정한 수준에 올라와 있는 것이 된다. 영향력에 대해서 논의를 더 해 보도록 하자.


*당신의 생각을 정리해서 적어보세요.*

어떻게 하면 다른 사람의 삶에 영향을 줄 수 있을까? (어떻게 하면 다른 사람에게서 영향을 받을 수 있을까?)

사람들이 따르기를 원했던 성경 인물들을 기록하여 보라.

당신은 어떠한 자질들이 영적 지도자에게 있어서 본보기가 되어야 한다고 생각하는가?

당신의 어떠한 성품이 파트너에게 모델로서 도움이 될 것이라 생각하는가?

당신이 일터에서 영적 지도자로서 모델이 되는 것은 어려운 일인가? 그렇다 면 왜 그런지, 아니라면 왜 그런지 이유를 설명하라.

## 6. 영적 지도력의 대가

이처럼 당신이 모델 역할을 감당하려면 당신의 삶의 한 부분을 희생할 수 있어야 한다. 당신이 치러야 할 대가가 있는 것이다. 'Price'(값)의 철자로 시작되는 각각의 단어를 소개하면서 이 장을 마치려고 한다. 영적 지도자의 모델링의 값을 마음속에 담아두기를 바란다.

### 1) 우선순위(P - Priorities)

이는 영적 지도자가 마땅하게 가지고 있어야 할 표식이다. 당신의 일과표가 당신 삶의 우선순위를 보여주는 것이다. 어떤 사람은 말하기를 "내게 한 남자의 수표책(미국에서 현찰 대신 사용하는 개인 수표)과 그의 일정이 기록된 메모장을 보여주십시오. 그러면 나는 당신에게 그의 삶에 있어서 가장 중요한 것이 무엇인가를 말씀해 드리겠습니다."라고 하였다. 이것은 사실이다. 이것은 가정에서 부모들이 시간과 돈을 어떻게 사용하는지가 자녀들에게 그 가정에서 귀중한 것이 무엇인지를 보여주는 것이다.

존 웨슬리에게 어떤 사람이 묻기를, "선생님, 방금 알게 된 사람이 있는데 그가 크리스천인지 궁금합니다."라고 하였다. 그러자 웨슬리는 이렇게 대답하였다. "나도 잘 모르겠습니다. 아직 그의 아내에게 물어보지 못했으니까요."

1970년도에 유행했던 "요람 속의 고양이"라는 팝송이 있다. 이 노래의 서정적 가사는 아버지와 어린 아들의 모습을 생생하게 묘사하고 있다. 아들은 계속해서 아버지와 함께 있을 시간을 요구하지만 아들은 그것을 얻지 못한다. 그렇지만 아들은 아버지를 우상화하며 이렇게 말하고 있다.

"나는 자라면 아빠처럼 될 거예요." 이 노래의 마지막 부분에 보면 이제 아버지도 그의 아들과 함께 있는 시간을 원하지만 그는 그것을 얻지 못한다. 그리고 그는 다음과 같은 가사로 끝맺는다. "나의 아들은 정말 나와 같은 사람이 되었다네."

우리는 우리의 삶에 자신의 우선순위를 반영할 뿐만 아니라 가까이에 있는 사람들에게도 그와 같은 우선순위를 갖도록 정신적 재생산을 이루고 있음을 명심하라.

당신은 당신의 시간과 에너지를 어느 곳에 가장 많이 투자하는가? 가정인가, 일인가, 교회인가, 친구들인가?

어떻게 시간을 투자하는 것이 그 일이 당신에게 중요하다는 것을 반영할 수 있을까?

## 2) 위험 감수(R - Risk taking)

당신은 영적 지도자로서 기꺼이 첫 발을 내딛을 것이다. 어떤 일이 있어도 당신은 연약하고 투명하고, 정직해야 한다. 주님 안에서 안정된 삶의 본보기가 되어야 하는 것이다.

나 역시 감당하기 어려웠던 부분이다. 결혼하기 전에 나와 아내의 관계는 건강하지 못하였다. 일종의 사랑과 미움, 그리고 만족과 절망의 양극단을 왔다 갔다 하였으며 시기와 불안감이 있는 관계였다. 나는 지금도 그것이 나의 미숙한 성품 때문이라고 생각한다. 나는 깊이 있고 건강한 책임이 요구되는 안정성과 취약성에 관한 모델이 되기에는 부족하였다. 모험하려고 하지 않고 오직 나 자신의 필요를 채우기에 급급하였다. 그러나 그것은 나의 실수였다. 우리는 다투게 되었고 관계가 혼란스러워졌다. 그때 이후로 나는 영적인 지도자가 된다는 것은 주님 안에서 희생을 감수하는 사람이 되는 것이며, 주님 안에서 안정된 사람이 되어야 한다는 것을 알게 되었다.

어떻게 하면 당신의 유약함과 투명성과 정직을 통하여 당신의 명성과 이미지 그리고 믿음을 책임질 수 있을까?

친구들 사이에서 희생하는 일이 왜 어려운 일일까? 직장과 교회에서는 어떠한가?

### 3) 주도적(I – Initiative)

영적 지도자는 주도적인 사람이 되는 것을 말한다. 영적 지도자는 관계를 맺는 데 있어서 주인이지 손님이 아니다. 이것은 친구를 집으로 초대하였을 때와 같은 경우다. 방문한 친구를 주인이 돌보아야 하는 것처럼 영적 지도자는 자신이 포함된 관계를 맺는 일에 있어서 주인의식을 가지고 대화를 주도해야 한다. 주도적인 사람이 되려면 노력이 필요하다. 이것은 대부분의 사람들에게 그렇게 자연스러운 일도, 쉬운 일도 아니기 때문이다. 엘리자베스 엘리엇(Elisabeth Elliot)은 다음과 같이 기록하였다.

여성들은 항상 주도하도록 유혹을 받는다. 여성들은 이러한 역할을 감당하기를 좋아한다. 여성들은 상황과 느낌에 대하여 이야기하는 것을 좋아하며, 그러한 것들을 다루는 데 있어서 공개적으로 할 수 있기를 기대한다. 그러나 여성들의 눈에 비친 남성들은 때때로 이러한 일에 무지하거나 주제를 피하는 것처럼 보인다. 그들은 사람들이 있건 없건, 자신의 프로젝트를 계속해서 하거나 사업, 오락, 스포츠에 열중하기도 하고 때때로 커다란 스테이크를 먹거나 텔레비전을 시청하고 심지어 잠을 자러 가는 경우도 있다.

그러나 여성들은 이러한 남성들의 경향에 대하여 문제에 직면하고, 의사소통을 하며, 결판을 내는 것을 요구함으로써 반응한다. 여성들이 잔소리하고, 변론하고, 눈물과 침묵과 따뜻함과 친밀함으로 남성들을 대하지 않으면 그들을 묶어 둘 수 없을 것이다. 여성들은 지혜가 많다. 루이스(C.S. Lewis)가 말하는 연옥은 항상 우유가 끓어 넘치고, 그릇이 깨지고, 토스트가 불에 타는 곳이다. 남성들에게 할당된 과업은 무엇인가를 하는 것이고, 여성들에게 할당된 과업은 아무것도 하지 않는 것이다.

주도적으로 된다는 것은 우리의 역할에 있어서 의도적이고 의식적인 노력을 요구한다.

당신은 사람들과 대화를 나눌 때 주인이 되려 하는가, 아니면 손님이 되려 하는가?

## 4) 인격(C - Character)

이미 언급한 바와 같이 영적 지도자는 먼저 자신의 내면적 세계를 발전시켜야 한다. 영적 지도자들은 지켜보는 사람이 있든 없든 상관없이 개인적으로 행한 일에 있어서 부끄러움이 없어야 한다. 영적 지도자는 인격이 무엇인가를 알고 있으며, 또한 인격이 부족하면 사람들에게 그것까지 보이리라는 것을 알고 있다. 사람은 자신의 부족한 인격을 변명하거나 약한 부분을 감추려고 하는 경향이 있다.

1980년에 루스 웨스더머(Dr. Ruth Westheimer) 박사는 "섹스는 자유롭게 표현되어야 한다"고 말하였다. 그의 말은 인간의 성적 충동을 속박하거나 재갈을 먹이는 것은 자연스럽지 않다는 뜻이다. 동물들은 그렇게 하지 않는다면서 루스 박사는 자신의 이러한 믿음을 전 미국에 장려하고 있었다. 반면에 공산주의 국가에서 미국으로 유학 온 학생들은 그들의 성적 표현에 대하여 텔레비전 방송 기자에게 질문을 받았을 때 이렇게 대답했다. 자신들은 전혀 섹스 경험이 없는데, 그것은 아직 결혼을 하지 않았기 때문이라는 것이다. 기자가 다시 물어 보았다. "당신들은 결혼하기 전에는 왜 섹스를 하지 않습니까?" 유학생들은 한 목소리로 이렇게 대답하였다. "그것은 잘못된 일이기 때문입니다."

기독교를 믿지 않는 공산주의 국가가 기독교 국가인 미국보다 더 도덕적인 삶을 살고 있다는 것은 서글픈 일이다.

당신의 삶에 어떠한 개인적 제자 훈련이 반영되고 있는가?

제자로서의 삶을 살아가는 데 가장 어려운 곳은 가정, 일터, 교회 중 어느 곳인가? 그 이유는 무엇인가?

## 5) 열정(E – Eagerness)

영적 지도자는 간절한 마음을 가지고 배우는 일에 열정이 있는 사람이다. 그는 항상 영적으로 성장하려는 준비가 되어 있으며, 예수 그리스도를 따르는 일에 있어서 어린아이와 같은 열정을 갖는다. 진정한 영적 지도자는 성장을 멈추는 일이 없으며, 항상 겸손한 자세를 유지하며, 공개적으로 하나님을 의존한다.

나는 지도자의 열정이 하나님의 축복을 받게 할 뿐만 아니라, 우리의 가족들과 우리를 바라보는 모든 사람들에게 커다란 영향을 줄 수 있다고 믿고 있다. 이러한 태도는 어떻게 하다 보니까 우연히 하게 되었다는 생각을 제거하도록 도우며, 당신을 바라보면서 배우려는 사람들에게 당신을 모델로서 받아들이게 하는 요인이 되는 것이다.

어떻게 하면 당신이 열정과 학구열을 갖는 데 모델이 될 수 있을 것인가?

당신은 주변 사람들에게 '열정적인 마음'을 갖는 데 모델이 되는가? 그렇다면 그 이유가 무엇이고, 아니라면 그 이유가 무엇인지 이야기하라.

## 7. 라이프스타일 향상시키기

• 빌립보서 2장 5~11절을 암기하라.

"너희 안에 이 마음을 품으라 곧 그리스도 예수의 마음이니 그는 근본 하나님의 본체시나 하나님과 동등됨을 취할 것으로 여기지 아니하시고 오히려 자기를 비워 종의 형체를 가지사 사람들과 같이 되셨고 사람의 모양으로 나타나사 자기를 낮추시고 죽기까지 복종하셨으니 곧 십자가에 죽으심이라 이러므로 하나님이 그를 지극히 높여 모든 이름 위에 뛰어난 이름을 주사 하늘에 있는 자들과 땅에 있는 자들과 땅 아래에 있는 자들로 모든 무릎을 예수의 이름에 꿇게 하시고 모든 입으로 예수 그리스도를 주라 시인하여 하나님 아버지께 영광을 돌리게 하셨느니라."

• 앞에 소개한 당신의 네트워크 도표를 살펴보라. 당신의 멘토 혹은 모델들 가운데서 한 사람을 택하고 그분을 식사에 초대하라. 당신이 닮고 싶은

분야에 관하여 그에게 질문하라. 그는 당신의 모델이 되어 줄 것이다.

- 성경에 등장하는 한 사람의 리더를 선택하라. 그의 생애를 다룬 성경 구절들을 찾아서 읽어라. 그리고 그처럼 효과적이고 영향력이 있는 사람이 되도록 한 그의 성품들을 기록하여 보라.

_____

_____

_____

_____

- 파트너에게 당신이 어떤 점에서 모델이 되어야 할지를 물어 보라. (당신이 시작해야 할 부분을 알고 싶다면 앞에 소개한 영어 단어 Price를 설명한 부분을 찾아보라.)

# 6 사역자로서의 영적 지도자

당신에게 수입을 가져다주는 직업이 무엇인가와 상관없이
예수께서는 모든 지도자들을 사역자로 세우셨다.

권위와 복종이라는 것은 다루기 어려운 주제 가운데 하나다. 우리는 권력 구조에 입 맞추는 것을 경멸하고, 권위에 대항하여 머리를 부딪치며 저항하였다.

춥고 어두운 대서양 어느 해변에 어둠이 찾아왔다. 선장은 다른 배 한 척이 자신의 배를 향해 곧바로 다가오는 것을 알아차렸다. 선장은 그 배에 메시지를 보내서 남쪽으로 10도 방향을 틀어 달라고 요청하였다. 즉시 응답이 왔는데 내용은 이런 것이었다.

"당신의 배를 북쪽으로 10도 돌리시오."

이 말은 선장을 화나게 만들었다. 그래서 그는 더욱 힘 있는 어조로 다음과 같이 메시지를 보냈다.

"당신의 배를 남쪽으로 10도 돌리시오. 나는 선장 존 스미스(Captain John Smith)입니다."

응답이 다시 왔다. "당신의 배를 북쪽으로 10도 돌리시오. 나는 삼류

항해사 제임스 존슨(James Johnson)입니다."

선장은 화가 머리끝까지 올랐다. 선장인 그의 권위에 이처럼 반항하는 사람은 아직 없었기 때문이다. 그래서 선장은 거역할 수 없는 명령을 보내기로 작정하고 이렇게 메시지를 보냈다. "당신의 배를 남쪽으로 10도 돌리시오. 여기는 전투함입니다."

그런데 조금의 망설임도 없이 다음과 같은 응답이 돌아왔다.

"당신의 배를 북쪽으로 10도 돌리시오. 여기는 등대입니다."

이 유머러스한 짧은 이야기는 이 단원의 주제가 무엇인가를 잘 말해 주고 있다. 예수의 말씀은 지도자로서 우리에게 흥미로운 도전을 준다. 그것은 다른 사람에게 복종하라고 압력을 주는 것이 아니라 오히려 우리를 따르는 사람들을 섬기는 역설적인 복종이다. 다음에 소개하는 격언을 기억하라. "우리는 섬김으로써 인도한다. 우리는 인도함으로써 섬긴다."

영적 지도자의 역할에 대해서 이미 앞에서 언급하였다. 마찬가지로 모델로서의 역할도 우리의 파트너들과 친구들, 동역자들과 가족들이 기대하는 역할이다. 이제 우리는 '사역자'로서의 영적 지도자를 살펴보게 될 것이다.

다음에 소개하는 진술에 대하여 생각해 보라. "당신은 사역자다. 당신에게 수입을 가져다주는 직업이 무엇인가와 상관없이 예수께서는 모든 지도자들을 사역자(minister)로 세우셨다."

"너희 중에는 그렇지 않아야 하나니 너희 중에 누구든지 크고자 하는 자는 너희를 섬기는 자가 되고 너희 중에 누구든지 으뜸이 되고자 하는 자는 너희의 종이 되어야 하리라"(마 20:26~27).

"But it shall not be so among you: but whosoever will be great among you, let him be your minister; And whosoever will be chief among you, let him be your servant;"(KJV)

"너희가 나를 택한 것이 아니요 내가 너희를 택하여 세웠나니 이는 너희로 가서 열매를 맺게 하고 또 너희 열매가 항상 있게 하여 내 이름으로 아버지께 무엇을 구하든지 다 받게 하려 함이니라"(요 15:16).

"Ye have not chosen me, but I have chosen you, and ordained you, that ye should go and bring forth fruit, and that your fruit should remain: that whatsoever ye shall ask of the Father in my name, he may give it you."(KJV)

이것이 당신의 직업(vocation)이다. '직업'(vocation)이라는 단어는 원래 '소리'(vocal) 혹은 '부르심'(calling)에서 온 것이다. 당신은 이미 선택받아 세워졌다.

그리고 사도 바울은 우리에게 부르심에 합당하게 행하라고 하였다.

"그러므로 주 안에서 갇힌 내가 너희를 권하노니 너희가 부르심을 받은 일에 합당하게 행하여"(엡 4:1).

"therefore, the prisoner of the Lord, beseech you that ye walk worthy of the vocation where with ye are called,"(KJV)

당신의 생각을 정리해서 적어보세요.

영적 지도자로서 당신은 당신의 파트너에게 사역자로서 부르심을 받은 것이다. 이러한 부르심은 당신에게 어떠한 이미지를 불러일으키는가? 당신의 마음에 생각나는 단어들을 기록하여 보라.

1에서 10까지의 범위 가운데 당신의 파트너에게, 친구에게, 동역자들에게 당신이 얼마나 사역자의 역할을 효과적으로 수행하였는지를 체크하여 보라. (10이 가장 높은 점수다.)

| | | | | | | | | | | |
|---|---|---|---|---|---|---|---|---|---|---|
| 파트너에게 | 1 | 2 | 3 | 4 | 5 | 6 | 7 | 8 | 9 | 10 |
| 친구에게 | 1 | 2 | 3 | 4 | 5 | 6 | 7 | 8 | 9 | 10 |
| 동역자에게 | 1 | 2 | 3 | 4 | 5 | 6 | 7 | 8 | 9 | 10 |

왜 이 점수를 주었는지 이유를 말해 보라.

남성들이 가장 힘들어하는 섬기고 봉사하는 일들이 자신의 가정에서는 더욱 어렵고 힘든 것이 당연하다. 일반적으로 사업을 하면서 혹은 교회 안에서 동료들을 '섬기는 것'은 인생을 함께 보내기 위하여 우리가 선택한 가족들을 '섬기는 일'보다는 비교적 쉬운 일이다. 목사로서, 나는 이 분야에 있어서 나의 부족함을 인정해야 하는 것에 대해서 부끄러움을 느낀다.

지금으로부터 4년 전, 어느 늦은 저녁 시간에 나는 교회 사무실에서 그날의 힘든 '목회 사역'을 마치고 집으로 돌아왔다. 집으로 돌아오면서 나는 그 주간의 목회 사역에 나의 시간들을 전략적으로 투자한 것에 대하여 정말로 기분 좋게 생각하고 있었다. 나의 사역은 상상하기 어려울 정도로 성장하고 있었다. 그 당시 나의 생각은 사역에 대한 것이 전부였다.

내가 차고 문을 통하여 집으로 들어왔을 때 그날 저녁은 분위기가 조금 달랐다. 나의 아내 팜(Pam)이 언제나 나를 기다리던 그 자리에 없었던 것이다. 비록 시간이 늦기는 하였지만 몹시 낯설고 당황스러웠다. 나는 그녀가 일찍 잠자리에 들었다는 사실을 침실에 들어와서야 알게 되었다. 그녀가 잠이 들었을 것이라 생각하고 그녀를 바라보던 나는 깜짝 놀랐다. 그녀는 깨어 있었을 뿐만 아니라 눈에는 눈물이 고여 있었기 때문이다.

나는 그녀가 왜 울고 있는지 궁금해 하면서 그녀에게 어떤 일이 있었는가를 생각해 보았다. 혹시 내가 그녀와의 중요한 약속을 잊어버린 것일까? 아니면 낮에 무슨 사고가 생긴 것일까? 아니면 그날 무슨 실망스러운 일이 있었나? 하는 것 등이었다. 그러나 아무리 생각을 해 보아도 그녀가 울고 있는 이유를 알 수가 없었다. 그래서 나는 아내 귀에 대고 이렇게 속삭였다.

"여보, 무슨 일이야? 무엇이 잘못 되었소?" 잠시 시간이 흘렀다. 그녀는 고통스러운 눈으로 나를 쳐다보았다. 그리고 네게 조용하게 말했다.

"팀, 당신은 교인들을 위해서는 정말로 목회를 잘 하는 좋은 분이에요. 그러나 …… 나는 지금 이러한 상태에 있는 나 자신이 싫어요. …… 지금 우리 집에서는 당신의 목회가 전혀 없단 말이에요. 지금 내가 느끼고 있는 것은 외로움과 버림받은 기분이에요."

이러한 말들은 나에게 커다란 충격이었다. 내가 그러한·말을 듣는 것보다 그녀가 그러한 말들을 하는 것이 쉽지 않았을 것이다. 비로소 나는 내가 변해야 한다는 사실을 깨닫게 되었다. 목사로서 나는 나의 교구의 첫 번째 교인인 아내를 잊어버리고 있었던 것이다.

## 1. 예수께서 모범을 보이심

마태복음 20장 25~28절에서 예수는 크리스천 리더십은 세속적 리더십과 전혀 다르게 움직인다는 것을 가르쳐주신다. 세속적인 리더십은 주어진 모든 종류의 권리를 사용한다. 그러나 크리스천(영적) 리더는 섬기는 사람이 되어야 한다. 그리고 섬기는 사람들은 자신의 권리보다도 자신의 책임에 관심을 두는 사람이다.

"예수께서 제자들을 불러다가 이르시되 이방인의 집권자들이 그들을 임의로 주관하고 그 고관들이 그들에게 권세를 부리는 줄을 너희가 알거니와 너희 중에는 그렇지 않아야 하나니 너희 중에 누구든지 크고자 하는 자는 너희를 섬기는 자가 되고 너희 중에 누구든지 으뜸이 되고자 하는 자는 너희의 종이 되어야 하리라 인자가 온 것은 섬김을 받으려 함이 아니라 도리어 섬기려 하고 자기 목숨을 많은 사람의 대속물로 주려 함이니라."

다음에 소개하는 도표는 섬김의 지도력의 원리들을 보여주는 것이다.

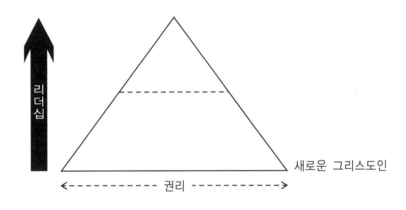

영적 지도력의 삼각형

좀 더 높은 지도자의 자리에 오르기를 원한다면 당신은 새로운 그리스도인으로서 당신에게 있는 유효한 권리들을 포기해야 한다. 하나님께서는 그리스도 안에서 아직 어린 사람들에게는 많은 행동의 자유를 허락하셨다.

리더십 삼각형에서 리더십을 표시하는 굵은 선이 위로 올라가고 있음을 주목해야 한다. 대체적으로 삼각형의 폭은(권리) 계속해서 줄어들고 있는데 리더십은 계속해서 증가되고 있는 것이다. 궁극적인 목표는 사도 바울의 말과 같다.

"예수 그리스도의 종 바울은 사도로 부르심을 받아 하나님의 복음을 위하여 택정함을 입었으니"(롬 1:1).
"Paul, a servant of Christ Jesus, called to be an apostle and set

apart for the gospel of God."(KJV)

바울은 이 리더십 삼각형의 맨 위에 살았던 것이다. 바울은, 종은 자신의 권리를 포기한다는 사실을 알고 있었다. 그들은 단지 섬기는 사람인 것이다.

슬프게도 세상에서 우리에게 모델이 되어온 것들과 방송매체에 나오는 몇몇 지도자들은 이러한 영적 지도력의 원리를 말해 주는 삼각형을 뒤집어 놓았다. 그들에게 지도력이란 모든 수단을 동원해서 모든 종류의 선택의 권리를 갖고 누리는 것이 되어 버렸다: 나는 내가 원하는 누구와도 잠을 잘 수 있다, 나는 내가 원하면 무엇에든지 돈을 쓸 수 있다 등등. 그러나 예수께서는 단순하게 말씀하셨다. "너희 중에는 그렇지 않아야 하나니 너희 중에 누구든지 크고자 하는 자는 너희를 섬기는 자가 되고 너희 중에 누구든지 으뜸이 되고자 하는 자는 너희의 종이 되어야 하리라." 그리고 바로 그 다음에 예수께서는 급진적인 섬김의 리더십을 보여주셨다.

## 2. 발을 씻기심

예수께서 제자들과 더불어 마지막 만찬을 나누신 후에 수건을 두르시고 제자들의 발을 씻겨주셨다. 예수님 당시에는 식사를 하기 전에 종들이 이처럼 하는 것은 보통의 일이었다. 그러나 예수께서 하신 것처럼 스스로 그렇게 하는 사람은 단 한 사람도 없었다.

앞에서 언급한 손님 대 주인의 원리를 기억하는가? 예수께서는 주인이 하는 그 일을 먼저 시행하셔서 본이 되신 것이다. 다시 말하지만 예수는 모든 관계에 있어서 주인과 손님이 나타난다는 것을 이해하고 계셨다.

다른 사람이 사랑을 받고 평안하고 안전하고 돌봄을 받고 있다고 느끼도록 먼저 나서서 분위기를 만들어 주는 사람이 바로 주인 의식을 가진 사람이고 그가 바로 그 관계에 있어서 리더인 것이다.

요한복음 13장은 예수께서 제자들의 발을 씻겨주시는 위대한 장면을 보여준다. 이 본문에는 그날 저녁 예수께서 제자들에게 보여주신 섬김의 원리가 잘 나타나 있다.

> "유월절 전에 예수께서 자기가 세상을 떠나 아버지께로 돌아가실 때가 이른 줄 아시고 세상에 있는 자기 사람들을 사랑하시되 끝까지 사랑하시니라 마귀가 벌써 시몬의 아들 가룟 유다의 마음에 예수를 팔려는 생각을 넣었더라 저녁 먹는 중 예수는 아버지께서 모든 것을 자기 손에 맡기신 것과 또 자기가 하나님께로부터 오셨다가 하나님께로 돌아가실 것을 아시고 저녁 잡수시던 자리에서 일어나 겉옷을 벗고 수건을 가져다가 허리에 두르시고 이에 대야에 물을 떠서 제자들의 발을 씻으시고 그 두르신 수건으로 닦기를 시작하여 시몬 베드로에게 이르시니 베드로가 이르되 주여 주께서 내 발을 씻으시나이까 …… 그들의 발을 씻으신 후에 옷을 입으시고 다시 앉아 그들에게 이르시되 내가 너희에게 행한 것을 너희가 아느냐 너희가 나를 선생이라 또는 주라 하니 너희 말이 옳도다 내가 그러하다 내가 주와 또는 선생이 되어 너희 발을 씻었으니 너희도 서로 발을 씻어 주는 것이 옳으니라 내가 너희에게 행한 것같이 너희도 행하게 하려 하여 본을 보였노라"(요 13:1~15).

### 1) 예수의 동기

제자들을 섬기시는 예수의 동기는 1절에 묘사되어 있다. 그것을 적어 보라. 이 문장은 이렇게 말하고 있다. "자기 사람들을 사랑하시되 끝까지 사랑하시니라." 예수는 제자들에게 깊은 사랑을 가지고 있었고 이 사랑은 하나님의 신뢰를 받게 하였다.

### 2) 예수의 확신

3~4절에 예수의 섬김에 대한 확신이 기록되어 있다. 예수는 비난받기 쉽고, 인습적이지 않으며, 의미심장한 태도 – 사람의 발을 씻는 행위는 정말 그러하다 – 를 베푸셨다. 예수께서는 이러한 행동에 대해 분명한 이유를 가지고 계셨다. "예수는 아버지께서 모든 것을 자기 손에 맡기신 것과 또 자기가 하나님께로부터 오셨다가 하나님께로 돌아가실 것을 아시고." 예수께서는 자신이 누구라고 하는 것과 어디에서 오신 것과 어디로 가실 것인지를 알고 계셨다.

### 3) 예수의 논리

예수께서 왜 그렇게 하셨을까? 그것은 제자들의 발이 더러웠다는 사실보다 더 큰 이유가 있었다. 그날 저녁에 예수께서는 집안의 종이 하는 일을 설명하고 강조하신 것이다. 그분은 제자들과 우리에게 지도자로서의 좋은 본보기를 가르쳐 주셨다.

"그들의 발을 씻으신 후에 옷을 입으시고 다시 앉아 그들에게 이르시

되 내가 너희에게 행한 것을 너희가 아느냐 너희가 나를 선생이라 또
는 주라 하니 너희 말이 옳도다 내가 그러하다 내가 주와 또는 선생이
되어 너희 발을 씻었으니 너희도 서로 발을 씻어 주는 것이 옳으니라
내가 너희에게 행한 것같이 너희도 행하게 하려 하여 본을 보였노라."

*당신의 생각을 정리해서 적어보세요.*

예수께서 본을 보이신 이 세 가지 태도는 오늘날 우리 사회의 남성들과 리
더들에게 어려운 일이다. 이러한 태도들을 기록해 보고 다음의 질문들을 생
각해 보라.

### 입증해야 할 것이 없음

예수께서는 어떤 것을 입증하기 위해 속이고 가식적인 태도를 취하거나, 또
는 그 자신과 지위를 보여주려고 하지 않아도 되셨다. 그러나 제자들과 사역
의 목적에 대하여서는 분명한 신뢰와 확신을 가지고 계셨다.
왜 우리는 때때로 이러한 태도들에 대하여 갈등을 갖는가?

### 잃어버릴 것이 없음

예수께서는 그의 명성이나 친구들을 잃어버리는 것을 두려워하지 않으셨다.
예수는 그 어떤 것도 남에게 의존하지 않으셨다. 그는 어떤 것의 소유도 요
구하지 않으셨다. 그는 자유로움 속에서 아버지 하나님께 복종하는 가운데

어떤 위험도 받아들이셨다.

왜 우리는 이러한 종류의 위험을 피하려 하는가?

### 숨길 것이 없음

예수께서는 따로 숨겨 놓은 일정이 없으셨다. 예수의 사역에는 정치적인 의도나 음모가 없었다. 그는 투명하였고, 정직하였으며, 상처받기 쉬운 분이었다. 그의 사역의 대상자들에게 예수께서 보여주신 태도는 생기를 불어넣어주는 것이었다.

왜 우리는 공개적으로 사랑을 표현하는 데 갈등을 느끼는가?

　　빌 하이벨스(Pastor Bill Hybels) 목사는 최근에 시카고 근교에 있는 윌로우 크릭 교회(Willow Creek Community)에서 이러한 주제로 가르치면서 부부들에게 다음과 같은 세 가지 제안을 하였다. 우리의 관계가 사역에 근거하기 위하여 그리고 우리의 관계가 섬김이 중심이 되기 위하여 우리는 '반드시 ……해야 한다'는 원칙을 가지고 있어야 한다.

① 부부간에 선천적인 기질이 다르다는 것을 이해하고 감사하는 방법을 배우라. 우리는 때때로 다른 사람들, 특별히 배우자를 나와 같은 사람으로 만들려고 한다. 그리고 우리는 그 사람이 나와 같은 방법으로 반응하지 않을 때 당황하게 된다. 그러나 우리는 부부간의 기질이 서로 다름을 기꺼이 받아들여야 한다. 그리고 그 기질의 차이가 서로 균형을 유지하게 해 주고 윤택하게 하며 깨달음을 준다는 것을 인정해야 한다.

② '사랑의 언어'를 배우라. 사람마다 사랑의 소통 방법은 매우 다르다. 사랑의 소통 방법이 사람들의 기질에 의존한다는 것을 이해하는 것은 대단히 중요하다. 당신의 돌봄 안에서 어떠한 방법과 비결이 가장 좋은지를 찾아내야 한다. 그리고 연습하고, 연습하고, 연습하라.

③ 흥미로운 결혼생활을 유지할 수 있도록 배우라. 결혼생활의 흥미와 모험, 그리고 낭만 등 다양함을 유지하는 부부들은 둘이서 함께 경험하며 함께 창조적인 시간을 갖고 있다. 그러한 사람들은 의도적으로 추억을 창조해 간다. 내가 알고 있는 어느 아버지는 직장에서 중요한 일이 있다며 자신은 빠진 채 가족들만 휴가를 보냈다. 그리고 얼마 후 캘리포니아에서 텍사스로 차를 몰고 가던 가족들은 고속도로를 따라서 도보로 여행을 하고 있는 아버지를 발견하였다. 아버지는 가족들을 먼저 보낸 뒤에 가족들이 이곳을 지나갈 시간에 맞추어서 그곳에 있었던 것이었다. 그리고 이렇게 특별한 방법으로 가족들과 합류하였다. 그의 가족들은 그 특별한 휴가를 절대로 잊지 못할 것이다.

## 3. 당신의 파트너의 필요를 채우라

종(servant)의 가장 기본적인 과업은 주인의 필요를 채우는 것이다. 당신이 파트너에게 이러한 기능을 얼마만큼 잘 수행하고 있는지 당신 스스로에게 이렇게 물어봄으로써 당신의 지도력을 평가할 수 있다. "나는 그녀의 필요에 대하여 얼마나 효율적으로 충족시켜 주고 있는가?"

당신의 파트너에게는 다음과 같은 세 가지의 범주들이 필요할 것이다: 배려와 인정과 애정이다.

### 1) 배려

배려는 아주 오랫동안 진심으로 여성에게 주목하고 귀를 기울이고 상대에게 중요한 것이 무엇인지 관심하기 위해 잠시 하던 일을 멈추는 행동을 수반한다.

당신의 생각을 정리해서 적어보세요.

어떻게 하는 것이 당신의 파트너를 잘 배려하는 것일까?

그녀의 주요 관심사는 무엇인가?

이와 같은 관심의 필요성을 어떻게 하면 좀 더 잘 충족시킬 수 있을까?

2) 인정

인정은 그녀를 '어루만져주는 것'을 의미한다. 그녀의 강점을 격려하여 주고, 그녀의 가치와 그녀에 대한 당신의 믿음을 알려주는 것을 포함한다.

당신의 생각을 정리해서 적어보세요.

어떻게 하는 것이 당신의 파트너를 잘 인정하는 것일까?

그녀의 강점은 무엇인가?




이와 같은 인정의 필요성을 어떻게 하면 좀 더 잘 충족시킬 수 있을까?




## 3) 애정

애정은 공개적이며, 당신의 솔직한 사랑을 보여주는 것을 포함한다. 당신의 느낌을 창조적이고 부드러운 방법으로 소통할 수 있는 방법을 찾아라. 그리고 약간의 낭만적인 모습을 보여주어라.


*당신의 생각을 정리해서 적어보세요.*
어떻게 하는 것이 당신의 파트너에게 애정을 충분히 보여주는 것일까?

그녀에게 사랑과 애정을 표현하는 것이 무엇이라고 생각하는가?




이와 같은 애정의 필요성을 어떻게 하면 좀 더 잘 충족시킬 수 있을까?




## 4. 요약

당신의 파트너를 위하여 당신이 할 수 있는 다음과 같은 일들을 주의하여 시행하여 보라.

- 잠시 멈추어 서서 그녀의 말에 귀를 기울이라.
- 그녀에게 중요한 것이 무엇이든지 당신이 항상 돌보고 있다는 것을 그녀에게 보여주어야 한다.
- 그녀에게 지속적인 관심을 보여주어야 한다.
- 그녀의 강점을 격려하라.
- 어떠한 것들이 그녀에게 사랑을 표현하는 것이 되는지를 물어보라. 그리

고 그것을 시행하라.

나는 부끄럽게도 아내가 얼마나 소중한지를 관심, 인정, 애정으로 표현하지 못하였다. 게다가 내 인생에서 아내의 시간과 위치를 제자리로 돌려놓는 일은 너무나 일상적이고 일시적이었다.

다음에 소개하는 글은 여성들이 잘 표현하지 않는 내용이다. 그러나 얼마나 많은 여성들이 남편에게 이 말을 하고 싶어 할까?

나는 당신의 아침식사를 준비하는 사람보다는
차라리 당신의 아침 신문이 되는 것이 낫겠어요.

나는 지난밤 당신과 한 번도 눈을 마주치지 못한 사람이 되기보다는
차라리 당신의 비서가 되는 것이 낫겠어요.
손대지 않은 저녁식사를 냉장고에 넣고 잠자리로 가는 사람이 되기보다는
차라리 당신의 손님이 되는 것이 낫겠어요.

당신이 없는 휴가를 아이들과 가는 사람이 되기보다는
차라리 당신의 사냥개가 되는 것이 낫겠어요.
당신에게 정말로 잘하는 일이 없는 사람이 되기보다는
차라리 당신의 목사님이 되는 것이 낫겠어요.

월 스트리트(미국의 증권가)나 세서미 스트리트(미국의 저녁 어린이 방송)를 잘 아는 사람이 되기보다는
차라리 당신의 변호사나 회계사가 되는 것이 낫겠어요.

항상 당신의 뒤에 혼자 남아 있는 사람이 되기보다는
당신의 골프 파트너가 되는 것이 낫겠어요.

나는 무시당하며 살기보다는 고맙다는 말을 듣고 싶고 나는 당신이 털
어버리는 사람이 되기보다는
당신의 어루만짐의 대상이 되고 싶어요.

나는 이처럼 숨막히는 사람이 되기보다는
당신의 양육을 받는 사람이 되고 싶어요.

나는 당신의 아내가 되고 싶어요.
그러나 나는 오래전에 그 일을 포기했어요.

– 마이클 호긴(Michael Hodgin)


## 5. 왜 이러한 일들이 내게는 어려운 일인가?

사역자로서 당신의 역할을 생각해 볼 때 이러한 것들은 당신에게 어
려운 기능일 수도 있다. 만약에 그렇다면 거기에는 몇 가지 이유가 있다.
다음에 소개하는 것들을 기록하여 두고, 당신의 삶 속에서 개념화할 수
있는지 보라.

- 두려움 : 우리가 생각하는 신실한 리더가 되는 데 실패하는 것에 대하여
  우리는 두려워한다.

- 낮은 자존감 : 충분하게 우리 자신을 내어주는 것에 대하여 안전하지 못하다고 생각한다.
- 당혹스러움 : 우리 자신이 약해지는 것을 피하려고 한다. 그들이 반응하지 않으면 어떻게 할까?
- 충분한 시간이 없음 : 우리는 바쁜 스케줄로 인하여 스트레스를 받고 있다.
- 피상적임 : 평범하거나 시시한 일에는 잘 어울리지만 중요하고 의미 있는 표현에는 익숙하지 못하다.
- 지적임 : 우리는 외부로부터 관계를 분석하고 세밀하게 분석한다.
- 식별 : 그녀와 나의 느낌 둘 다 개의치 않는다.
- 상상 : 사람을 섬기고 사랑을 표현하는 것을 여성들의 일로 생각한다. 남성들은 그런 일에 신경을 쓰지 않는다.

*당신의 생각을 정리해서 적어보세요.*

위에 언급된 것 중에 당신의 삶에서 드러나는 것은 어떤 것인가?

왜 그렇게 생각하는가?

이것을 극복할 수 있는 방법을 찾아보아라.

## 6. 카우보이와 플레이보이

사회학자인 잭 발스윅(Jack Balswick)은 다음과 같은 글을 남겼다.

미국인의 삶에 있어서 비극 중 하나는 너무나 많은 미국 남성들이 – 아마도 대부분의 남성들 – "나는 당신을 사랑합니다" 하는 말을 억누르는 것이라고 할 수 있다. 그는 결혼한 지 사십 년 된 늙은 버몬트(Vermont) 사람과 같다고 말한다. "나는 정말로 아내를 사랑해요. 그러나 그렇게 말하는 것이 어려워요."

왜 사랑을 표현하는 것이 어려운가? 왜냐하면 사랑과 애정을 표현하는 것은 여성적인 행동이라는 선입견이 있기 때문이다. 심지어 방송 매체들까지도 사랑을 표현을 하지 않는 것이 남성적이고 영웅적인 것이라는 생각들을 조장해 왔다. 이러한 내용들을 연구하기 위하여 편의상 우리는 그러한 이미지들을 "카우보이(cowboys) – 목동" 혹은 "플레이보이(playboys) – 바람둥이"로 부를 것이다.

## 1) 카우보이

역사적으로 미국에서는 남성다움의 상징으로서 카우보이를 숭배하여 왔다. 이것은 주변에 있는 여성들보다는 목장에서 살아가는 말들에게서 평안함을 느끼는 "존 웨인"(John Wayne, 미국 서부 영화의 대표적인 인물) 타입이다. 그는 여성들을 좋아한다. 그러나 그가 선택하는 바른 시간과 바른 장소에서만 그렇다. 그는 손이 직접 닿을 만한 곳에 항상 말(혹은 차)을 세워 놓는다. 그리고 "말보로 지역"(Marlbore Country, 미국의 한 지역인데 담배 이름으로도 사용이 된다)에 좀 더 중요하다고 생각되는 일이 생기면 언제든지 떠날 수 있는 준비가 되어 있다.

그의 이미지는 다음과 같다.

- 거칠고 억세다.
- 탄력이 있다.
- 그는 남성이다.
- 강하다.
- 예의 바르지만 절제하는 사람이다.

## 2) 플레이보이

이 이미지는 "제임스 본드"(James Bond, 007 영화의 주인공) 타입이다. 카우보이와 마찬가지로 그는 기략이 풍부하고 날카로우며 여성 파트너와 함께 일을 한다. 이러한 사람은 여성과의 교제가 냉정하다(Playing is cool)." 본드는 "돈 주앙"(Don Juan, 영국 바이런의 서사시에 나오는 인물로 전설상의 호색한)에 좀 더 가까우며 느낌이 없다는 점에서는 카우보이의 이미지와 다르다.

　존 웨인은 여성들에 대한 느낌을 가지고 있었다. 그는 여성들에게 자신의 마음을 보여주려고 하지 않았지만 여성들을 귀하게 대접한다. 그러나 제임스 본드는 존귀한 인간으로서의 여성을 거부하고 사용해야 할 물건처럼 여성을 대하는 것이다.

　그의 이미지는 다음과 같다.

- 사랑한다. 그러나 자신의 감정은 표현하지 않는다.
- 교활하다.
- 감정적 구속을 피한다.
- 대부분의 일들이 자력으로 충분하다.
- 자신만의 일정이 있다.

　그렇다면 결론은 다음과 같다:
　카우보이는 자신의 감정을 표현하지 않는 남성이고,
　플레이보이는 감정이 없다는 것을 표현하지 않는 남성이다.

당신의 생각을 정리해서 적어보세요.

지금까지 카우보이와 플레이보이의 이미지를 살펴보았다. 당신이 그 어디에도 속하지 않기를 바란다. 그러나 만약에 당신이 어느 한쪽에 속하게 되었다면 당신은 어느 쪽에 더 가까운 사람인가? 그 이유는 무엇인가?

당신이 파트너를 섬기고 봉사하며 사랑을 표현하는 일에 능력이 있는가? 아니면 없는가?

## 7. 마지막 단계

마지막으로 당신의 파트너에게 좀 더 좋은 사역자로서 당신이 취할 수 있는 단계들을 몇 가지 소개하려고 한다.

① 의사소통을 통하여 신뢰의 관계를 세우라.
② 대화를 나눌 시간을 계획하라.
③ 질문을 함으로써 적극적인 청취자가 되라.
④ 당신의 단점에 대하여 용서를 구하라.
⑤ 그녀를 도울 수 있는 일들을 찾아라.
⑥ 마음을 열고 느낌을 표현하는 것을 배우라.

## 8. 라이프스타일 향상시키기

• 당신의 파트너에게 어떠한 것이 그녀와 사랑을 소통하는 것인지 물어보

라. 그리고 그러한 일을 시행할 수 있는 몇 가지 계획을 세우라.

_____

_____

_____

_____

_____


• 마태복음 20장 25~28절을 암기하라.

"예수께서 제자들을 불러다가 이르시되 이방인의 집권자들이 그들을
임의로 주관하고 그 고관들이 그들에게 권세를 부리는 줄을 너희가 알
거니와 너희 중에는 그렇지 않아야 하나니 너희 중에 누구든지 크고자
하는 자는 너희를 섬기는 자가 되고 너희 중에 누구든지 으뜸이 되고
자 하는 자는 너희의 종이 되어야 하리라 인자가 온 것은 섬김을 받으
려 함이 아니라 도리어 섬기려 하고 자기 목숨을 많은 사람의 대속물
로 주려 함이니라."

• 아내를 잘 섬기는 남편을 찾아서 인터뷰하라. 그녀에게 무엇을 하였는지,
왜 그렇게 하였는지 물어보라.

_____

_____

_____

_____

가족의 영혼을 돌보는 리더

# 멘토로서의 영적 지도자

7

멘토로서 당신은 세 가지 부분에

헌신하여야 한다 : 사람, 과정, 목적

사회학자들은 가장 내성적인 사람도 일생 동안 평균 10,000여 명의 사람들에게 영향을 준다고 말한다. 이것은 내게 매우 놀라운 통계였다.

만약에 내성적이고, 물러서기를 좋아하고, 지도력이 전혀 없는 사람조차 그렇게 많은 사람들에게 영향을 줄 수 있다면, 이처럼 지도력을 갖게 되기를 열망하는 사람들은 얼마나 큰 영향을 줄 수 있겠는지 상상해 보라. "영향력은 리더십의 전부다"라는 말을 기억하자. 영향력이 곧 지도력이란 말을 가장 간단하게 잘 설명한 단어다. 이 장에서는 '멘토링'을 통하여 어떻게 가장 효과적으로 영향을 줄 수 있는지를 논의하게 될 것이다.

본보기가 되기(Modeling)나 사역자 되기(Ministering)와 마찬가지로 멘토링은 영적 지도자의 또 다른 역할이다. 멘토링은 개인주의화되고 서로 책임지지 않으려는 현대 사회에 있어서 점점 보편화되고 있는 주제다. 리더십에 관하여 가르치는 많은 강사들은 생애의 각 단계마다 멘토(Mento, 인생에 안내를 해줄 수 있는 사람) 혹은 멘티를 찾아야 한다고 제안하고 있다. 그러나 멘토라는 것이 무엇을 의미하는가? 그리고 이러한 멘토링이 우리 교회와 가정에서 어떻게 적용이 될 수 있을까? 하나님께서 우리를 멘토로 부르셨다면 우리에게 요구되는 헌신은 어떤 것일지 생각하여 보자. 우리가 정말로 그러한 일들을 할 수 있을까?

## 1. 멘토란 무엇인가?

멘토란 지금 우리가 처한 상황에서 가족과 파트너의 성장을 확실하고 당연하게 책임지는 사람을 말한다. 핵심적인 단어는 '성장'(development)이다. 영적 멘토는 다음과 같은 일을 한다.

- 안내
- 격려
- 자원
- 평가
- 공급

고대 영국에서는 나이 어린 견습생이 볼 때 성숙한 숙련공이나 기술자가 바로 멘토였다.

말과 마차가 있는 카벨스톤(Cobblestone)의 거리, 어느 가게에서 한 숙련공이 일을 하고 있었다. 먼훗날 그 거리에서 자신의 상점을 가지고 싶어 하는 한 소년이 그 숙련공의 일거수일투족을 세밀하게 관찰하고 있었다. 숙련공은 호기심 많은 소년에게 자신이 하는 일을 자세하게 설명해 주었다. 소년은 숙련공이 일하는 것을 가까이에서 지켜보고 또 그 기술을 익힐 수 있도록 실습해 보는 것이 허락되었다. 그리고 그날 마감 시간에

이 숙련공은 어린 소년에게 그날 배운 것을 보고받았다.

이 이야기는 영적 지도자들에게 얼마나 아름다운 비유인가? 토니 캠 볼로 박사(Dr. Tony Campolo)는 그의 저서 「누가 가격표를 바꾸어 달았는 가?」(*Who Switched the Price Tag?*)에서 은퇴한 사람들의 노년 시절을 조 사하여 그 결과를 보고하고 있다. 그들에게 주어진 질문은 다음과 같은 것이다. "만약에 인생을 다시 산다고 하면 당신은 어떠한 변화가 있기를 원하십니까?" 이 질문에 그들은 세 가지 공통적인 답변을 하고 있다.

- 좀 더 많이 생각하며 살겠다. 인생길에 멈춰 서서 내가 가는 그 길이 바른 길인지 고민하는 시간을 많이 갖겠다.
- 좀 더 모험을 하겠다. 나는 너무 안이하게 살아왔다. 내가 가는 그 길에 위험이 있더라도 감수하겠다.
- 주위 사람들에게 나의 삶을 투자하겠다. 다른 사람들에게 나의 삶을 투자 함으로써 내 뒤에 오는 사람들에게 유산을 남기도록 노력하겠다.

이 세 가지는 모두 통찰력이 넘치는 생각들이다. 그러나 세 번째를 특별히 주목하기 바란다. 이 세 번째 진술이 멘토가 가지는 비전이며 열매 다. 멘토링은 당신이 돕기로 선택한 그 사람에게 당신의 인생과 지혜, 기술과 영혼을 쏟아 부어주는 것이다. 그 결과 영적 재생산이 일어나는 것, 곧 삶의 증식인 것이다. 성경적이라는 생각이 들지 않는가? 예수께서 우리를 부르시면서 "가서 모든 족속을 제자 삼으라" 하신 것을 우리가 실행한다면 가정에서부터 이 일을 시작하는 것이 가장 좋다. 부모의 지위는 궁극적으로 제자의 도다. 멘토링은 영적 지도력의 궁극적인 과업이다.

성경에 나오는 목자의 이야기가 멘토의 역할을 가장 효과적으로 묘사하고 있다. 목자는 양들을 위하여 음식을 제공하고, 위험으로부터 지켜주며, 가야 할 곳의 방향을 지시하는 등 양을 안전하게 지켜주는 일들을 한다. 목자는 사실상 양떼를 위하여 자신의 삶을 투자하는 것이다.

마찬가지로 사람들을 향하여, 하나님께서 우리에게 주신 자원들, 우리의 시간과 정열을 투자하는 것이 좀 더 현명하다는 생각을 하게 된다. 인간은 영원한 보화이며, 예수 그리스도의 잠재적 능력을 가진 불멸의 영혼을 가진 존재다.

> "내가 진실로 진실로 너희에게 이르노니 나를 믿는 자는 내가 하는 일을 그도 할 것이요 또한 그보다 큰 일도 하리니 이는 내가 아버지께로 감이라"(요 14:12).
> "그의 안에 산다고 하는 자는 그가 행하시는 대로 자기도 행할지니라"(요일 2:6).

인간이란 충만하고 만족스러운 것에 투자하도록 만들어진 존재라고 생각한다. 몇 년 전 어느 TV 인터뷰가 이러한 사실을 상기시켜 주었다.

기자는 캘리포니아 파사데나(Pasadena)에서 매년 열리는 장미 퍼레이드의 카퍼레이드 차량을 제작하는 한 젊은이를 인터뷰하였다. 기자는 먼저 젊은이에게 그 거대하고 아름다운 장미꽃마차 만드는 일을 즐겁게 하였느냐고 질문하였다. 젊은이가 그렇다고 대답하자 기자는 이 일을 직업으로 할 생각이 있느냐고 다시 질문하였다. 그러나 그는 단호하게 "아니오"라고 대답하면서 그 이유를 이렇게 설명하였다. "저는 일주일 만에 쓰레기 더미에 버려질 그러한 것들을 위해서 내 인생을 투자하고 싶지 않습니다."

얼마나 통찰력이 넘치는 말인가? 그 동안 우리는 중요하지도 않고 일시적이고, 시시한 일들에 얼마나 많은 시간을 사용하고 우리 자신을 팔면서 살았단 말인가? 영적 지도자로서, 아내와 자녀 그리고 교회의 스태프(Staff)들은 나의 삶을 투자해야 할 나의 사랑의 대상들이다. 그들이야말로 내가 세상에 남겨두게 될 나의 유산들이기 때문이다.

## 2. 요나단과 다윗

사무엘서에는 멘토링 관계에 도움을 주는 두 젊은이의 이야기가 등장하고 있다. 요나단과 다윗은 그들의 관계에 있어서 각자에게 책임을 지며, 동료로서 서로에게 멘토링을 해 주고 있다. 우리는 여기서 그들이 상호간에 복종하며, 서로의 성장을 위하여 헌신하며 그리고 서로에게 깊은 사랑을 투자하는 것을 보게 된다. 서로에게 최선을 다하는 그들의 모습에서 다음의 네 가지 자질들을 찾아보자.

### 1) 가능성(Availability)

"다윗이 라마 나욧에서 도망하여 와서 요나단에게 이르되 내가 무엇을 하였으며 내 죄악이 무엇이며 네 아버지 앞에서 내 죄가 무엇이기에 그가 내 생명을 찾느냐 요나단이 그에게 이르되 결단코 아니라 네가 죽지 아니하리라 내 아버지께서 크고 작은 일을 내게 알리지 아니하고는 행하지 아니하나니 내 아버지께서 어찌하여 이 일은 내게 숨기리요 그렇지 아니하니라 다윗이 또 맹세하여 이르되 내가 네게 은혜 받은 줄을 네 아버지께서 밝히 알고 스스로 이르기를 요나단이 슬퍼할까 두려운즉 그에게 이것을 알리지 아니하리라 함이니라 그러나 진실로 여호와의 살아 계심과 네 생명을 두고 맹세하노니 나와 죽음의 사이는 한 걸음뿐이니라 요나단이 다윗에게 이르되 네 마음의 소원이 무엇이든지 내가 너를 위하여 그것을 이루리라"(삼상 20:1~4).

이 성경 구절을 보면 다윗은 요나단의 아버지 사울로 인하여 위험한 처지에 처해 있다는 사실을 분명하게 밝히고 있다. 상기해야 할 것은 요나단은 다윗의 위험에 대하여 믿지 아니하였다. 하지만 다윗이 위기를 경험하게 될 때에 그 위기에서 벗어날 수 있는 길을 제시해 주고 그 선택의 가능성은 다윗의 의사에 맡기고 있는 것이다. "네 마음의 소원이 무엇이든지 내가 너를 위하여 그것을 이루리라"(삼상 20:4).

멘토로서 우리는 하나님의 거룩한 약속으로서 우리의 멘티들을 방해하는 것이 무엇인지 지각하면서 또 멘티가 원하는 것이 무엇인가를 알아야 한다. 과거에 내가 아내와 아이들을 위해서 시간을 낼 수 없다고 하였던 것을 생각하면 지금도 전율하지 않을 수가 없다.

세계 1차 대전 당시에 독일에서 부모로부터 겁에 질려 성장한 한 소년이 있었다. 쉬레우버스(Schicklewubers)가로 알려진 그 소년의 가족들은 소년을 자주 감정적으로 외롭고 혼란스럽게 내버려 두곤 하였다. 그래서 이 소년은 잘못된 우선순위를 갖고 성장하였다. 어느 날 아버지가 스쳐지나가는 말로 먼 곳으로 이사를 가게 될 것이라고 하는 말을 들은 소년은 앞으로 자신이 버려지게 될 것이라는 잘못된 확신을 갖게 되었다. 그는 아주 모진 마음을 먹고 가족들의 사랑에서 제외될 것에 대비하여 자신의 피난처를 찾게 되었다. 후에 그의 그러한 결정으로 인하여 세상은 많은 고통을 경험하게 되었다. 이 사람이 바로 독일 나치의 아돌프 히틀러(Adolf Hitler)다. 만약에 어린 아돌프에게 신실한 멘토가 있어서 그의 가능성을 열어줄 수 있었다면 이 세상의 역사는 얼마든지 달라질 수 있었을 것이다.

당신의 파트너와 가족 그리고 친구와 동역자들에게 어떻게 하는 것이 당신의 가능성(잠재력)을 개선하는 방법이 되겠는가? 두 가지를 기록하라.

## 2) 의존성(Dependability)

"다윗이 요나단에게 이르되 내일은 초하루인즉 내가 마땅히 왕을 모시고 앉아 식사를 하여야 할 것이나 나를 보내어 셋째 날 저녁까지 들에 숨게 하고 네 아버지께서 만일 나에 대하여 자세히 묻거든 그 때에 너는 말하기를 다윗이 자기 성읍 베들레헴으로 급히 가기를 내게 허락하라 간청하였사오니 이는 온 가족을 위하여 거기서 매년제를 드릴 때가 됨이니이다 하라 …… 요나단이 다윗에게 이르되 이스라엘의 하나님 여호와께서 증언하시거니와 내가 내일이나 모레 이맘때에 내 아버지를 살펴서 너 다윗에게 대한 의향이 선하면 내가 사람을 보내어 네게 알리지 않겠느냐 그러나 만일 내 아버지께서 너를 해치려 하는데도 내가 이 일을 네게 알려 주어 너를 보내어 평안히 가게 하지 아니하면 여호와께서 나 요나단에게 벌을 내리시고 또 내리시기를 원하노라 여호와께서 내 아버지와 함께 하신 것같이 너와 함께 하시기를 원하노니 너는 내가 사는 날 동안에 여호와의 인자하심을 내게 베풀어서 나를 죽지 않게 할 뿐 아니라 여호와께서 너 다윗의 대적들을 지면에서 다 끊어 버리신 때에도 너는 네 인자함을 내 집에서 영원히 끊어 버리지 말라 하고 이에 요나단이 다윗의 집과 언약하기를 여호와께서는 다윗의 대적들을 치실지어다 하니라"(삼상 20:5~16).

다윗과 요나단이 서로에게 가장 좋은 일을 행하기 위하여 신뢰(혹은 계약)의 관계로 들어가고 있음을 주목하라. 그들이 서로 교환하였던 약속은 공허한 말들이 아니다. 다윗은 생명을 위협받고 있었다. 다윗과 요나단은 하나님의 뜻을 수행하면서 죽을 때까지 서로 돕기로 맹세하였다. 이러한 맹세는 모든 멘토링 관계에 있어서 헌신이 있어야 함을 상기시켜준다.

믿음과 신뢰는 멘토링에 있어서 핵심적인 자질이다. 나는 최근에 하나님을 믿지도 못하고, 신뢰하지도 못하는 한 여인과 대화를 나눈 일이 있었다. 문제는 간단하였다. 그녀의 삶에 영향을 주었던 세 사람의 남성들이(아버지, 전 남편, 그리고 지금의 남편) 어떤 형태로든지 신뢰감을 보여주는 데 실패하였기 때문이다. 그녀는 지금 감정의 벽을 쌓고 외롭게 살아가고 있다.

당신의 파트너와 가족 그리고 친구와 동역자들에게 어떻게 하는 것이 당신의 신뢰성을 향상시키는 방법이 되겠는가? 두 가지를 기록하라.

## 3) 취약성(Vulnerability)

"다윗에 대한 요나단의 사랑이 그를 다시 맹세하게 하였으니 이는 자기 생명을 사랑함 같이 그를 사랑함이었더라 요나단이 다윗에게 이르되 내일은 초하루인즉 네 자리가 비므로 네가 없음을 자세히 물으실 것이라 너는 사흘 동안 있다가 빨리 내려가서 그 일이 있던 날에 숨었던 곳에 이르러 에셀 바위 곁에 있으라 내가 과녁을 쏘려 함 같이 화살 셋을 그 바위 곁에 쏘고 아이를 보내어 가서 화살을 찾으라 하며 내가 짐짓 아이에게 이르기를 보라 화살이 네 이쪽에 있으니 가져오라 하거든 너는 돌아올지니 여호와께서 살아 계심을 두고 맹세하노니 네가 평안 무사할 것이요 만일 아이에게 이르기를 보라 화살이 네 앞쪽에 있다 하거든 네 길을 가라 여호와께서 너를 보내셨음이니라 너와 내가 말한 일에 대하여는 여호와께서 너와 나 사이에 영원토록 계시느니라 하니라 다윗이 들에 숨으니라 초하루가 되매 왕이 앉아 음식을 먹을 때에 왕은 평시와 같이 벽 곁 자기 자리에 앉아 있고 요나단은 서 있고 아브넬은 사울 곁에 앉아 있고 다윗의 자리는 비었더라 그러나 그 날에는 사울이 아무 말도 하지 아니하였으니 이는 생각하기를 그에게 무슨 사고가 있어서 부정한가보다 정녕히 부정한가보다 하였음이더니 이튿날 곧 그 달의 둘째 날에도 다윗의 자리가 여전히 비었으므로 사울이 그의 아들 요나단에게 묻되 이새의 아들이 어찌하여 어제와 오늘 식사에 나오지 아니하느냐 하니 요나단이 사울에게 대답하되 다윗이 내게 베들레헴으로 가기를 간청하여 이르되 원하건대 나에게 가게 하라 우리 가족이 그 성읍에서 제사할 일이 있으므로 나의 형이 내게 오기를 명령하였으니 내가 네게 사랑을 받거든 내가 가서 내 형들을 보게 하라 하였으므로 그가 왕의 식사 자리에 오지 아니하였나이다 하니 사울이 요나단에게 화를 내며 그에게 이르되 패역무도한 계집의 소생 아 네가 이새의 아들을 택한 것이 네 수치와 네 어미의 벌거벗은 수치 됨을 내가 어찌 알지 못하랴 이새의 아들이 땅에 사는 동안은 너와 네 나라가 든든히 서지 못하리라 그런즉 이제 사람을 보내어 그를 내게로 끌어 오라 그는 죽어야 할 자이니라 한지라 요나단이 그의 아버지 사울에게 대답하여 이르되 그가 죽을 일이 무엇이니이까 무엇을 행하였 나이까 사울이 요나단에게 단창을 던져 죽이려 한지라 요나단이 그의 아버지가 다윗을 죽이기로 결심한 줄 알고"(삼상 20:17~33).

본문에 나오는 내용을 보면 요나단은 극도의 위험에 처하게 되었다. 그는 다윗을 구하기 위하여 장래 왕의 자리와 자기의 목숨까지도 걸고 있 다. 그는 자신의 평안을 멀리하기로 공개하고 인생의 큰 모험을 하기로 작정하였다. 곧 다윗의 미래를 위한 안내자로서 나서고 있는 것이다. 요 나단이 이러한 위험을 통해서 얻게 될 사람은 오직 다윗 한 사람뿐이었 다. 왕의 아들이라는 신분의 위협까지 감수하면서 요나단이 중요하게 생 각한 것은 다윗이었다. 그는 자신의 친구에게 투자하는 것이 나라의 장래 를 위한 투자라는 것을 알고 있었다.

이미 앞에서 언급한 것과 같이, 사람은 누구나 자신이 받게 될 상처들 에 대하여 갈등하고 있다. 결과적으로 다른 사람이 누리게 될 이익을 위 해 나의 것을 포기하려고 하지 않는다. 이러한 일들은 영리하고 약아빠진 성인들에게, 특별히 남성들에게 있을 수 없는 일로 보인다. 그래서 예수 께서는 "진실로 너희에게 이르노니 너희가 돌이켜 어린 아이들과 같이 되 지 아니하면 결단코 천국에 들어가지 못하리라"(마 18:3)고 하신 것이다.

수잔(Susan)이 다섯 살이 되었을 때 수잔의 아버지는 늦어도 저녁 여섯 시까지는 집으로 돌아와야 한다고 늘 말하였다. 그녀가 친구 집에서 늦게 돌아온 날 아버지는 현관에서 수잔을 기다렸다. 그리고 딸에게 왜 정해진 시간에 돌아오지 못하였는지를 물었다. 수잔은 이렇게 말하였다. "아빠, 저도 제 시간에 집에 오려고 노력을 했어요. 그런데 트레시(Tracy)의 인형이 팔이 부러졌어요. 그래서 그곳에 더 머물 수밖에 없었어요." 그녀의 아버지는 잠시 생각을 한 다음 다시 물어보았다. "오 그래, 그러면 너는 그 인형의 부러진 팔을 다시 맞추어 보려고 친구를 도왔겠구나?" 수잔은 해맑은 표정으로 아버지를 바라보았다. 그리고는 이렇게 말하였다. "아니오. 나는 그 아이가 우는 것을 도왔단 말예요."

당신의 파트너와 가족 그리고 친구와 동역자들에게 어떻게 하는 것이 당신의 취약성을 개선하는 방법이 되겠는가? 두 가지를 기록하라.

## 4) 책임감(Responsibility)

"심히 노하여 식탁에서 떠나고 그 달의 둘째 날에는 먹지 아니하였으니 이는 그의 아버지가 다윗을 욕되게 하였으므로 다윗을 위하여 슬퍼함이었더라 아침에 요나단이 작은 아이를 데리고 다윗과 정한 시간에 들로 나가서 아이에게 이르되 달려가서 내가 쏘는 화살을 찾으라 하고 아이가 달려갈 때에 요나단이 화살을 그의 위로 지나치게 쏘니라 아이가 요나단이 쏜 화살 있는 곳에 이를 즈음에 요나단이 아이 뒤에서 외쳐 이르되 화살이 네 앞쪽에 있지 아니하냐 하고 요나단이 아이 뒤에서 또 외치되 지체 말고 빨리 달음질하라 하매 요나단의 아이가 화살을 주워 가지고 주인에게로 돌아왔으나 그 아이는 아무것도 알지 못하고 요나단과 다윗만 그 일을 알았더라 요나단이 그의 무기를 아이에게 주며 이르되 이것을 가지고 성읍으로 가라 하니 아이가 가매 다윗이 곧 바위 남쪽에서 일어나서 땅에 엎드려 세 번 절한 후에 서로 입 맞추고 같이 울되 다윗이 더욱 심하더니 요나단이 다윗에게 이르되 평안히 가라 우리 두 사람이 여호와의 이름으로 맹세하여 이르기를 여호와께서 영원히 나와 너 사이에 계시고 내 자손과 네 자손 사이에 계시리라 하였느니라 하니 다윗은 일어나 떠나고 요나단은 성읍으로 들어가니라"(삼상 20:34~42).

마지막으로 요나단과 다윗 둘 다 연관된 모든 사람을 위해 옳은 일을 한다는 것을 주시하라. 그들은 지름길을 택하는 것이 더 쉬웠을 때에도 책임감을 보여준다. 우리는 효율적인 멘토에게 필요한 성격과 규율이 무엇인지 명확히 알 수 있다.

게다가 이러한 종류의 성경적 책임은 오늘날 우리 문화에서 상당히 부재되어 있을 뿐 아니라, 길러지지도 않는다.

우리는 우리를 위해 우리의 일을 버렸다.

무책임은 가정에서부터 법정에 이르기까지 모든 곳에서 가르쳐진다.

몇 년 전에 로스앤젤레스(Los Angeles)에서 술에 취한 운전자가 도심을 질주하다가 전화박스 안에 있는 사람을 들이받은 사고가 있었다. 구급대원들이 서둘러 다친 사람을 병원으로 옮기려고 도착했을 때 전화박스는 넘어진 상태 그대로 있었다. 그 후에 민사 사건이 제기되었다. 마지막에 고소를 당한 사람이 누구일까? 그것은 전화를 설치한 회사였다. 전화회사는 술에 취한 사람이 자신의 자동차로 들이받아도 넘어지지 않을 만큼 튼튼한 전화박스를 세우지 않았기 때문에 고발을 당한 것이다.

법원의 결정은 무엇을 의미하는가? 술에 취해 있는 이 운전자는 스스로를 조절할 수 없었다. 그것은 비록 그가 성인으로서 술에 취해 운전을 하였다 하더라도, 자신의 행동에 대한 궁극적인 책임이 자신에게 없다는 것이다. 자신의 술집에서 술을 많이 마신 손님에게 바텐더의 책임은 얼마나 될까 하는 문제에 법률을 적용할 때에도 같은 원리가 적용이 된다. 우리가 우리의 생애에 책임을 지려고 할 때에 무엇이 옳은 것인가 생각해 보아야 한다. 그러면 "나의 실수가 아니다"라는 말은 할 수 없게 될 것이다.

책임감은 영적 지도력의 전부라고도 할 수 있다. 우리의 돌봄은 밖으로 벗어날 때까지는 완전한 것이라고 할 수 없다.

당신의 파트너와 가족 그리고 친구와 동역자들에게 어떻게 하는 것이 당신의 책임감을 개선하는 방법이 되겠는가? 두 가지를 기록하라.

## 3. 목표를 세우라!

위에서 설명한 것과 같이 성경적인 본보기를 기초로 하여 멘토가 되기 위한 작업으로서 몇 가지 목표들을 구체화할 수 있다. 영적 지도자가 세워야 할 자질의 목표들을 '목표'(GOAL)라는 단어로 설명할 수 있다.

- 경건성(G – Godliness) : 당신을 지켜보는 사람이 없을 때에도 당신의 성품과 행위는 경건하여야 한다.
- 객관성(O – Objectivity) : 당신은 자신의 강점과 약점을 볼 수 있어야 한다.
- 진실성(A – Authenticity) : 당신은 참되며, 투명하고, 공개적이어야 한다.
- 성실함(L – Loyalty) : 당신의 파트너에게 성실하여야 한다.

## 4. 잠재된 함정을 주의하라

어떠한 저항도 받지 않고 멘토의 역할을 시도하는 사람은 거의 없다고 보아야 한다. 영적 지도력의 '지도자'(pilot) 그룹에 참여한 모든 남편들은 이러한 사실을 직접 체험하게 되었다. 그들의 아내들은 그리스도의 정신으로 실시되는 멘토링이나 안내(guidance)에 익숙하지 않은 분들이었다. 그런데 갑작스럽게 그들에게 멘토링이 소개된 것이었다. 변화 자체는 그들의 역할에 대한 우려를 가져왔다. 후에 나는 근원적인 문제들을 알게 되었다. 여성들이 저항하게 되는 것은 일반적으로 남성들의 동기와 방법이 잘못되었거나 아니면 남성들의 도전 혹은 권고 때문이다. 당신의 동기는 순수해야 하며 당신의 방법은 겸손해야 한다. 여성의 저항과 망설임은 창세기 3장 16절로 정의될 수 있다.

> "또 여자에게 이르시되 내가 네게 임신하는 고통을 크게 더하리니 네가 수고하고 자식을 낳을 것이며 너는 남편을 원하고 남편은 너를 다스릴 것이니라 하시고"(To the woman he said, "I will greatly increase your pains in childbearing; with pain you will give birth to children. Your desire will be for your husband, and he will rule over you.)

성경은 남편과 아내의 관계에서 영적 지도력이 깨어진 상태를 묘사(인류의 타락의 결과로)하고 있다. 16절의 "열망, 혹은 욕구(desire)"라는 단어에 주의하라. "너는 **남편을 원하고**." 그것은 또한 창세기 4장 7절의 죄와 관련하여 사용되고 있다.

> "네가 선을 행하면 어찌 낯을 들지 못하겠느냐 선을 행치 아니하면 죄가 문에 엎드려 있느니라 죄가 너를 원하나 너는 죄를 다스릴지니라." (If you do what is right, will you not be accepted? But if you do not do what is right, sin is crouching at your door; it desires to have you, but you must master it.)

'desire'의 의미는 '지배를 열망함'(yearning for control)이다. 결과적으로 오늘날 여성들이 지배를 열망하고, 또한 죄는 인간을 조정하려고 열망하게 될 것이라는 의미다. "죄가 문에 엎드려 있느니라"(Sin is crouching at your door). 하나님은 남자가 책임감과 지도의 역할을 해야 한다고 말한다. 이 일에 있어서 우리가 수동적이 될 수는 없다.

다시 정리해 보면, 여성에 비하여 남성들이 좀 더 예민하고, 지능적이며, 재능이 있는 것이 아니다. 여러 분야에서 여성들이 남편들보다도 더 예리하다. 간단히 말하면 멘토가 된다는 것은, 남성이 약하거나 강한 것과는 별개로, 여성이 더 예리한 분야를 감당하도록 허락하고 인정하는 것이다. 또한 여성이 받은 은사를 개발할 수 있도록 돕는 것이다.

그러나 불행하게도 많은 가정들에게 이러한 일은 당연한 것이 아니라 예외적인 일인 것 같다. 우리 남성들은 많은 경우에 있어서 불안정하다. 게다가 여성들은 남성들로부터 어떤 지원이나 칭찬도 받지 못하였기 때문에 남성으로부터의 어떠한 멘토링 관계도 거부하는 마음을 갖고 있다. 당신에게 한 가지 비유를 소개하겠다.

어느 날 저녁 한 여성이 차를 몰고 고속도로를 달리고 있었다. 그녀는 트럭 한 대가 불을 밝히고 자신의 차를 가까이 따라오는 것을 알아차렸다. 그래서 속력을 올렸는데 그 트럭도 같이 속력을 올리는 것이었다. 두려워진 그녀는 더 빨리 속력을 내게 되었다. 마침내 주유소를 발견한 그녀가 주유소로 들어가자 트럭도 그녀의 차를 따라 들어왔다. 그녀는 차에서 뛰어내려 사람들이 바라보고 있는 점포 쪽으로 달려갔다. 그때 트럭 운전사도 자신의 차에서 내렸다. 그리고는 그녀의 자동차로 달려가서 자동차 뒷자리에 숨어 있던 수상한 사람을 끌어내렸다. 이 트럭 운전사는 자신의 높은 운전석에서 여자의 자동차 뒷자리에 숨어 있는 이 수상한 사람을 보고 그 강도의 손에서 여인을 구하기 위해 쫓아온 것이다. 그런데 여인은 오해를 하고 자신을 구해 주려고 하는 이 남성으로부터 도망을 치고 있었던 것이다.

이처럼 서로 다른 관점이나 오해로 인해서 멘티들이 멘토의 도움으로부터 도망하거나 저항하는 경우들이 있다. 그리고 아내를 돕는 일은 너무 번거로운 일이라고 생각하고 남편들이 아내를 멘토링하려는 노력을 쉽게 포기하기도 한다.

나의 친구인 켄트 애스큐(Kent Askew)에 따르면 문제를 다음과 같이 간단하게 말할 수 있다.

- 남성들은 사랑이 없는 지도력을 원한다.
- 여성들은 복종이 없는 보호(Security)를 원한다.

인간은 본성적으로 책임감으로부터 회피하고 싶은 욕망이 있는 것 같다. 멘토링은 헌신과 정직한 의사소통을 요구하는데, 우리는 겉모습을 가꾸고 치장하는 데에 너무 많은 관심을 가지고 있다. 우리는 자신이 누구인가 하는 문제보다는 다른 사람들의 눈에 어떻게 비추어지는가에 더 많은 관심을 가지고 있다.

몇 년 전에 한 개인 비행기가 중동지역을 가로질러 비행하게 되었다. 관제탑에서는 이 비행기가 비행 계획을 알려오지 않았으므로 조종사와 접촉을 시도하였으나 실패하였다. 비행기에 타고 있던 사람들은 산소 부족으로 모두 의식을 잃고 있어서 관제탑과 의사소통을 할 수 있는 사람이 한 사람도 없었던 것이다. 마침내 연료가 다 떨어지자 비행기는 대서양 한가운데로 추락하였고, 탑승했던 사람들은 모두 죽었다.

참으로 비극적인 일이었다. 그러나 이러한 논리로 보면 영적인 일에 있어서도 이와 같은 종류의 일들이 수없이 일어나고 있다. 우리는 비행기를 타고 있다. 겉으로 보기에 우리가 타고 있는 비행기는 정상적으로 비행을 하고 있다. 마찬가지로 그날 개인 비행기의 비행이 잘못 되었을 것이라고 생각하는 사람은 한 사람도 없었다. 그러나 산소 부족으로 의식을 잃고 의사소통이 두절되었다. 이런 가정이 있다면 그 가정은 앞으로 어떻게 될 것인가?

당신의 생각을 정리해서 적어보세요.

당신과 파트너의 관계를 생각해 보고, 어떻게 하면 멘토를 잘 할 수 있을지 적어보아라.

당신의 파트너에게 칭찬해 줄 수 있는 어떠한 강점이 있는가?

당신의 파트너에게 당신이 개선할 수 있도록 도와주어야 할 어떠한 약점이 있는가?

당신은 파트너의 강점과 또한 개선을 필요로 하는 약점의 변화를 위하여 어떻게 멘토링할 수 있는가?

멘토링 과정에서 그녀의 반응을 위하여 당신이 조성해야 할 분위기는 어떠한 것인가?

## 5. 멘토링의 실제적인 제안들

① 멘토링에 당신의 시간과 에너지를 투자하라. 파트너와 함께 멘토링의 개념을 이야기하는 데에 시간을 보내라. 그녀 스스로 알고 있는 그녀의 강점과 약점에 대하여 이야기를 들어 보라. 이러한 과정들은 공개적이어야 한다.

② 당신 자신을 알아야 한다. 다른 사람의 성장을 도우려 한다면 먼저 자신의 강점과 약점, 그리고 개성을 알아야 한다. 좋은 멘토들은 언제나 그렇게 한다.

③ 관용의 마음을 가져야 한다. 좋은 멘토는 관계에 있어서 주는 사람이 되는 법을 배운다. 그리고 받는 것보다 주는 것이 복되다는 사실을 알아야 한다.

④ 리더십을 공부하라. 책을 읽거나 어떻게 하면 좋은 리더가 될 수 있는지 당신에게 가르쳐 줄 만한 사람들과 대화를 나누어라. 당신은 리더십의 주제들에 관하여 이해할 필요가 있다. 좋은 멘토들은 항

상 자신의 멘토를 갖는다.

⑤ 그의 약점을 알려주라. 당신의 파트너가 친밀하고, 투명하고, 학구적이기를 원한다면 당신이 먼저 그러한 자질들을 훈련하여야 한다. 이러한 것들이 성장의 과정을 촉진한다.

⑥ 특성을 모델링하라. 만약 당신이 기술을 전수하고 싶다면, 기억하라. 먼저 당신이 그것을 하라. 그러고 나서 멘티가 관찰할 때 당신이 그것을 하라. 그런 다음 당신이 관찰할 때 그가 그것을 하라. 그러고 나면 그는 당신이 거기에 있든 없든 그것을 한다.

⑦ 비전을 위하여 기도하라. 당신의 파트너와 가족, 동역자를 향한 하나님의 목적을 알기 위하여 기도하라. 당신이 멘토로서 좋은 자질을 갖기 위하여 하나님께 구하라.

• 사람들에 대한 인내함(고통)
• 큰 그림을 보는 능력(비전)
• 관계에 대한 헌신(책임)
• 주는 것에 대한 즐거움(관용)
• 강력한 개인적인 훈련(인격)
• 원만한 의사소통(전달능력)
• 다른 사람을 이해(통찰력)

당신은 멘토로서 사람과 과정, 목적에 전념해야 한다. 우리 가족과 영향력의 범위 안에서 이 세 가지는 우리가 전념했는지 그렇지 않았는지를 반영할 것이다. 프린스턴 대학의 총장이었던 우드로우 윌슨(Woodrow Wilson)은 학부형들에게 다음과 같은 말을 남겼다.

저는 학부형들에게 참으로 많은 편지를 받았습니다. 많은 학부형들이 자신의 자녀들이 여기 프린스턴 대학에서 좀더 성숙하고 좀 더 큰일을 하는 사람으로 거듭나기를 원합니다. 그러나 우리가 그렇게 할 수 없는 이유를 말씀드리지요. 이것은 다소 충격적이지만 사실대로 말씀드리겠습니다. 그 이유는 학생들이 당신의 자녀이기 때문입니다. 그 학생들이 당신의 가정에서 당신의 피를 받고 당신의 뼈를 받아 태어났기 때문입니다. 그들은 당신이 보여준 사상을 흡수하였습니다. 당신은 이미 그들의 생각과 모양을 세웠습니다. 그들은 당신의 자녀입니다. 두들겨 펴고 주조할 수 있는 무한한 가능성의 시기에 당신은 이미 자녀에게 당신의 영원한 발자국을 남긴 것입니다.

## 6. 라이프스타일 향상시키기

• 고린도전서 13장 4~7절을 암기하라.

"사랑은 오래 참고 사랑은 온유하며 시기하지 아니하며 사랑은 자랑하지 아니하며 교만하지 아니하며 무례히 행하지 아니하며 자기의 유익을 구하지 아니하며 성내지 아니하며 악한 것을 생각하지 아니하며 불의를 기뻐하지 아니하며 진리와 함께 기뻐하고 모든 것을 참으며 모든 것을 믿으며 모든 것을 바라며 모든 것을 견디느니라."

• 창세기 3장 16절에 나오는 남성과 여성의 긴장관계에 대한 하나님의 묘사를 파트너와 함께 이야기하라.

"또 여자에게 이르시되 내가 네게 임신하는 고통을 크게 더하리니 네가 수고하고 자식을 낳을 것이며 너는 남편을 원하고 남편은 너를 다스릴 것이니라 하시고."

• 여성들이 지도력에 저항할 경우에 그것을 줄일 수 있는 방법이 있는가? 지도력의 역할에 있어서 당신이 "실수로 망치는" 경향을 줄일 수 있는 방법이 있는가?

• 파트너에게서 장점 한 가지를 찾아내서 이 주간에 그 장점을 칭찬하는 일을 시작하라.

• 파트너의 약점 한 가지를 찾아내라. 그리고 그 사람의 재능을 향상시킬 수 있도록 이 주간에 매일 하나님께 기도하라.

• 관계에 있어서 그 동안 당신이 회피해 온 일이 있다면 이번 주간에 당신이 먼저 책임을 떠맡아 보라.

# 8 관리자로서의 영적 지도자

영적 지도자로서 우리가 수행해야 할

관리적 기능이 있다.

미국 대통령들은 흥미로운 일화를 많이 남겼다. 당신이 들어보지 못했을 법한 이야기를 소개하겠다.

선거를 통하여 자카리 테일러(Zachary Taylor)가 미국 대통령으로 당선되자 헌법에 명시한 대로 3월 4일에 대통령 취임식 일정이 잡혔다. 그러나 그는 그날 거행될 대통령 취임식을 거부하였다. 이유는 그날이 주일(Sunday)이었기 때문이다. 정치인들은 종교적으로 헌신된 테일러에게 이제는 마음을 바꾸어야 한다고 주장하였다.

현직 대통령인 제임스 포크(James K. Polk)는 다른 날에 취임식을 하는 것은 위헌이라고 하였다. 변경의 여지가 없었던 것이다. 그러나 상원에서는 주일 정오부터 다음 월요일 정오까지는 대통령이 선택을 할 수 있다는 결정을 내리게 되었고, 결국 테일러의 대통령 취임식은 다음날 오전으로 조정이 되었다.

당시 상원을 대표하는 의원은 데이비드 라이스 애치슨(David Rice Atchison)이었다. 제임스 폭크 행정부의 마지막 주간은 상원의원인 애치

슨에게 매우 분주한 주간이었다. 그는 자신이 묵고 있는 호텔의 여주인에게 어떤 이유로든지 깨우지 말라고 당부를 하고 토요일 저녁에 잠자리에 들었다. 호텔의 여주인은 애치슨의 부탁을 충실히 따랐고, 상원의원 애치슨은 일요일을 지나 월요일까지 잠에 빠져 있었다. 대통령 취임식을 하는 모든 시간 동안 그는 잠에 빠져 있었다. 그는 상원의원으로 대통령 취임식에 참여할 기회를 놓치고 말았던 것이다.

불행하게도 이 이야기는 남편으로서 맞이하는 처음 몇 해를 설명하는 나의 이야기다. 당시에 나는 영적 지도자로서 사무실에서 잠을 자고 있었던 것이다(물론 상징적으로 말하면 그렇다는 것이다). 나는 무지하였으며 나의 가정적인 일들을 관리하는 데 있어서 영적으로 잠을 자고 있는 상태였다. 나는 이 마지막 장에서 "관리자가 되는 것"에 관하여 나누기를 원한다.

사람들은 누구나 다른 사람에 의해 관리(managed)되는 것을 원치 않는다. 관리되는 것보다는 인도(Lead)될 수 있기를 원한다. 그럼에도 불구하고 영적 지도자로서 부르심을 받은 우리에게는 수행해야 할 몇 가지 관리적 기능이 있다. 다시 말하지만 영적 지도자는 모델이 되어야 하며, 사역자가 되어야 하며, 멘토가 되어야 한다. 그리고 관리자(Manager)가 되어야 한다.

## 1. 당신은 제사장직과 연관되어 있다

이 마지막 장은 영적 지도자로서 당신이 수행할 수 있는 핵심적인 과업들을 소개하고 있다. 가정에서 관리자로서 당신의 역할을 이야기할 때에 가장 생생한 성경적인 비유, 그리고 자신의 가족들을 위하여 영적 지도자가 해야 할 역할은 '제사장'이라고 나는 믿고 있다. 우리는 관리자로서 가정에서 어떻게 제사장이 될 수 있는가에 대하여 배워야 한다.

잠시 제사장직과 관련하여 성경에서 소개하는 모습들을 살펴보기로 하자. 제사장이 직무를 감당하는 것은 매우 성스러운 일이다. 그리고 이러한 직임은 신약과 구약성경을 통하여 유대의 남성들에 의해서 세워졌던 것이다. 제사장의 직무는 두렵고도 경외스러운 것이며 동시에 영예롭고, 존경받는 직무였다. 제사장의 직무와 관련한 다음의 통찰들을 살펴보라.

- 제사장은 하나님의 현존 앞에서 정기적으로 성전을 섬긴다.
- 제사장은 백성들을 대신하여 희생의 제물을 드리는 것을 책임진다.
- 제사장은 유대의 남성들을 위한 영적 본보기로서 간주된다.
- 제사장은 우리의 대제사장으로서 섬기고 계시는 예수 그리스도의 원형이다.

당신의 생각을 정리해서 적어보세요.

당신이 가족들에게 제사장의 역할을 해야 한다는 것이 부담스러운가? 그렇다면 왜 그런지, 그렇지 않다면 왜 그렇지 않은지 이유를 말해 보라.

현재 제사장의 역할을 수행하는 데 당신에게 가장 크게 도전이 되는 것은 무엇인가?

## 2. 제사장의 주요 기능들

제사장의 역할은 다음의 두 가지로 요약할 수 있다.

- 사람들에게 하나님을 대신한다.
- 하나님에게 사람들을(사람들의 필요를) 대신하여 구한다.

당신은 파트너와 가족들에게 영적 지도자로서 위에 소개한 제사장의 기본적인 기능들을 수행하여야 한다. 제사장(Priest)이라는 단어의 라틴어 어원은 "다리를 세우는 자"(bridge builder)다. 둘 사이의 중간자로서 혹은 일종의 다리와 같이 하나님과 사람 사이를 연결하는 것이다. 그러나 때때로 제사장 지위(Priesthood)란 용어가 정반대의 의미로 사용되어 온 경우가 있다. 그것은 성직자의 역할을 보통 사람들이 도달할 수 없는 것, 보통 사람의 능력 그 이상으로 들어 올림으로써 하나님과 사람들 사이를 이간하여 온 것이다. 이것은 잘못된 것이다. 제사장은 하나님과 인간 사이에 장벽을 세우기 위해서가 아니라 다리를 놓기 위해서 하나님으로부터 부르심을 받았다. 그것은 아주 단순하다. 이러한 정의의 단순함은 당신에게 용기를 줄 수 있을 것이다.

이미 결혼을 한 커플인 게리(Gary)와 마샤(Marsha)는 최근에 내게 상담을 요청하였다. 게리가 가정에서 영적 지도자로서의 역할을 거의 못하였기 때문에 두 사람 사이에는 큰 갈등이 있었다. 두 사람은 자신들이 가정생활에 실패하였다는 사실에 동의하였다. 나는 그들에게 영적 지도자는 어떤 일을 해야 할 것인가를 생각하여 보고 각자 그것을 기록하여 일주일 후에 다시 만나기로 하였다.

그들은 각자가 기록한 영적 지도자의 역할 목록들을 가지고 왔는데 솔직히 말하면 그것들은 내게는 대수롭지 않은 것들이었다. 그러나 그들의 생각은 매우 복잡하였다. 영적 지도자가 해야 할 일들에 대한 그들의 고상한 생각은 슈퍼맨이나 할 수 있는 일들이었다. 그러나 실제로 그렇게 할 수 있는 사람들은 아무도 없다.

내가 제사장 지위에 관한 성경적인 가르침을 이야기하자 두 사람은 안도의 한숨을 쉬게 되었다. 마샤는 게리가 정말로 보통 사람이라는 사실을 알게 되었을 때에 그녀가 가지고 있었던 비실제적인 기대감으로부터 안도할 수 있었다. 게리 또한 성경에서 말하는 영적 지도자의 역할을 할 수 있다(Could)는 생각에 마음이 편안해졌다.

당신은 제사장이다. 당신이 좀 더 분명하게 하나님을 바라보고, 하나님을 사랑하며, 하나님을 가까이 따르며, 당신이 알고 있는 하나님을 배워갈 때 당신의 파트너와 가족들은 많은 유익을 얻게 될 것이다.

메간(Megan)이 처음으로 그림을 그렸을 때는 유치원에 다니는 소녀였다. 어린 학생들의 작품을 관찰하던 선생님은 메간의 작품 앞에서 멈추어

섰다. 그 작품은 너무나도 추상적이어서 무엇을 의미하는지 알기 어려웠다. 그래서 선생님은 메간에게 무엇을 그렸는지 물어보았다. 메간은 "나는 하나님을 그리고 있어요"라고 대답하였다. 선생님은 어이없다는 표정을 지으면서 이렇게 설명하였다. "메간, 하나님이 어떻게 생기셨는지 아는 사람은 이 세상에 한 사람도 없단다." 메간은 이 말을 듣고는 큰 결심을 한 듯이 이렇게 말하였다. "글쎄요, 사람들은 내 그림이 완성되면 하나님을 볼 수 있을 거예요."

이 단원에 나오는 생각들을 다 정리한 후에 사람들이 좀 더 하나님을 바르게 볼 수 있게 되기를 바란다.


## 3. 하나님께서는 제사장의 역할을 귀하게 여기시는가?

더 앞으로 나가기 전에 제사장 역할의 뿌리가 되는 성경적인 근거들을 살펴보기로 하자. 하나님께서는 영적 지도자가 가정에서 제사장으로 존재하는 것에 대하여 정말로 귀중하게 여기시는가? 나는 하나님께서 분명히 제사장을 귀하게 여기실 것이라고 생각한다. 자신의 역할을 제대로 감당하지 못한 성경 속 두 사람을 살펴봄으로써 이 사실을 확인해 보기로 하자.


### 1) 성경적 근거 : 사무엘상 2:12~36(엘리)

좀 길지만 천천히 본문을 읽어보자.

"엘리의 아들들은 행실이 나빠 여호와를 알지 못하더라 그 제사장들이 백성에게 행하는 관습은 이러하니 곧 어떤 사람이 제사를 드리고 그 고기를 삶을 때에 제사장의 사환이 손에 세 살 갈고리를 가지고 와서 그것으로 냄비에나 솥에나 큰 솥에나 가마에 찔러 넣어 갈고리에 걸려 나오는 것은 제사장이 자기 것으로 가지되 실로에서 그 곳에 온 모든 이스라엘 사람에게 이같이 할 뿐 아니라 기름을 태우기 전에도 제사장의 사환이 와서 제사 드리는 사람에게 이르기를 제사장에게 구워 드릴 고기를 내라 그가 네게 삶은 고기를 원하지 아니하고 날 것을 원하신다 하다가 그 사람이 이르기를 반드시 먼저 기름을 태운 후에 네 마음에 원하는 대로 가지라 하면 그가 말하기를 아니라 지금 내게 내라 그렇지 아니하면 내가 억지로 빼앗으리라 하였으니 이 소년들의 죄가 여호와 앞에 심히 큰은 그들이 여호와의 제사를 멸시함이었더라 사무엘은 어렸을 때에 세마포 에봇을 입고 여호와 앞에서 섬겼더라 그의 어머니가 매년 드리는 제사를 드리러 그의 남편과 함께 올라갈 때마다 작은 겉옷을 지어다가 그에게 주었더니 엘리가 엘가나와 그의 아내에게 축복하여 이르되 여호와께서 이 여인으로 말미암아 네게 다른 후사를 주사 이가 여호와께 간구하여 얻어 바친 아들을 대신하게 하시기를 원하노라 하였더니 그들이 자기 집으로 돌아가매 여호와께서 한나를 돌보시사 그로 하여금 임신하여 세 아들과 두 딸을 낳게 하셨고 아이 사무엘은 여호와 앞에서 자라니라 엘리가 매우 늙었더니 그의 아들들이 온 이스라엘에게 행한 모든 일과 회막 문에서 수종 드는 여인들과 동침하였음을 듣고 그들에게 이르되 너희가 어찌하여 이런 일을 하느냐 내가 너희의 악행을 이 모든 백성에게서 듣노라 내 아들들아 그리하지 말라 내게 들리는 소문이 좋지 아니하니라 너희가 여호와의 백성으로 범죄하게 하는도다 사람이 사람에게 범죄하면 하나님이 심판하시려니와 만일 사람이 여호와께 범죄하면 누가 그를 위하여 간구하겠느냐 하되 그들이 자기 아버지의 말을 듣지 아니하였으니 이는 여호와께서 그들을 죽이기로 뜻하셨음이더라 아이 사무엘이 점점 자라매 여호와와 사람들에게 은총을 더욱 받더라 하나님의 사람이 엘리에게 와서 그에게 이르되 여호와의 말씀에 너희 조상의 집이 애굽에서 바로의 집에 속하였을 때에 내가 그들에게 나타나지 아니하였느냐 이스라엘 모든 지파 중에서 내가 그를 택하여 내 제사장으로 삼아 그가 내 제단에 올라 분향하며 내 앞에서 에봇을 입게 하지 아니하였느냐 이스라엘 자손이 드리는 모든 화제를 내가 네 조상의 집에 주지 아니하였느냐 너희는 어찌하여 내가 내 처소에서 명령한 내 제물과 예물을 밟으며 네 아들들을 나보다 더 중히 여겨 내 백성 이스라엘이 드리는 가장 좋은 것으로 너희들을 살지게 하느냐 그러므로 이스라엘의 하나님 나 여호와가 말하노라 내가 전에 네 집과 네 조상의 집이 내 앞에 영원히 행하리라 하였으나 이제 나 여호와가 말하노니 결단코 그렇게 하지 아니하리라 나를 존중히 여기는 자를 내가 존중히 여기고 나를 멸시하는 자를 내가 경멸하리라 보라 내가 네 팔과 네 조상의 집 팔을 끊어 네 집에 노인이 하나도 없게 하는 날이 이를지라 이스라엘에게 모든 복을 내리는 중에 너는 내 처소의 환난을 볼 것이요 네 집에 영원토록 노인이 없을 것이며 내 제단에서 내가 끊어 버리지 아니할 네 사람이 네 눈을 쇠잔하게 하고 네 마음을 슬프게 할 것이요 네 집에서 출산되는 모든 자가 젊어서 죽으리라 네 두 아들 홉니와 비느하스가 한 날에 죽으리니 그 둘이 당할 그 일이 네게 표징이 되리라 내가 나를 위하여 충실한 제사장을 일으키리니 그 사람은 내 마음, 내 뜻대로 행할 것이라 내가 그를 위하여 견고한 집을 세우리니 그가 나의 기름 부음을 받은 자 앞에서 영구히 행하리라 그리고 네 집에 남은 사람이 각기 와서 은 한 조각과 떡 한 덩이를 위하여 그에게 엎드려 이르되 청하노니 내게 제사장의 직분 하나를 맡겨 내게 떡 조각을 먹게 하소서 하리라 하셨다 하니라."

위의 성경 말씀에서 자기의 일을 잘 수행하는 한 사람을 만날 수 있다. 그러나 그는 자기의 가정을 희생하고 있다. 엘리는 우리에게 간단하지만 풍요롭고도 중요한 원리들을 가르쳐 주고 있다. 다음에 나오는 질문들을 보면서 당신의 대답을 기록하여 보라.

당신의 생각을 정리해서 적어보세요.

엘리는 하나님의 부르심을 받고 실로에 있는 하나님의 제단에서 제사장으로 일하고 있었다. 그는 자신의 일을 만족스럽게 수행하였다. 그렇지만 가정의 제사장으로는 실패하였다. 이처럼 실패한 것의 분명한 증거는 무엇인가?




당신은 왜 엘리가 하나님의 눈으로 볼 때 실로의 제사장으로서 그의 일을 수행하는 데 충분치 못하다고 생각하는가? 이러한 것은 하나님에 대하여 무엇을 말하는가?

가정에서 제사장이 되기를 거부한 데 대한 하나님의 응답은 무엇인가?




엘리가 대중 앞에서는 훌륭한 제사장이 될 수 있었지만, 가정에서는 제사장
으로서 초라한 행실을 보였던 것을 설명하여 보라.


2) 성경적 근거 : 창세기 13, 19장(롯)


창세기 13장과 19장을 읽으면서 롯에 대하여 살펴보라. 그가 가족들
에게 영적 지도자로서 또한 제사장으로서 실패한 것에 대하여 기록하여
보라. 그는 대중 앞에서는 하나님의 종으로서 훌륭하게 사역을 잘 감당하
였다. 그러나 가정에서는 실패한 사람이었다.

"아브람이 애굽에서 그와 그의 아내와 모든 소유와 롯과 함께 네게브
로 올라가니 아브람에게 가축과 은과 금이 풍부하였더라 그가 네게브
에서부터 길을 떠나 벧엘에 이르며 벧엘과 아이 사이 곧 전에 장막 쳤
던 곳에 이르니 그가 처음으로 제단을 쌓은 곳이라 그가 거기서 여호

와의 이름을 불렀더라 아브람의 일행 롯도 양과 소와 장막이 있으므로 그 땅이 그들이 동거하기에 넉넉하지 못하였으니 이는 그들의 소유가 많아서 동거할 수 없었음이니라 그러므로 아브람의 가축의 목자와 롯의 가축의 목자가 서로 다투고 또 가나안 사람과 브리스 사람도 그 땅에 거주하였는지라 아브람이 롯에게 이르되 우리는 한 친족이라 나나 너나 내 목자나 네 목자나 서로 다투게 하지 말자 네 앞에 온 땅이 있지 아니하냐 나를 떠나가라 네가 좌하면 나는 우하고 네가 우하면 나는 좌하리라 이에 롯이 눈을 들어 요단 지역을 바라본즉 소알까지 온 땅에 물이 넉넉하니 여호와께서 소돔과 고모라를 멸하시기 전이었으므로 여호와의 동산 같고 애굽 땅과 같았더라 그러므로 롯이 요단 온 지역을 택하고 동으로 옮기니 그들이 서로 떠난지라 아브람은 가나안 땅에 거주하였고 롯은 그 지역의 도시들에 머무르며 그 장막을 옮겨 소돔까지 이르렀더라 소돔 사람은 여호와 앞에 악하며 큰 죄인이었더라 롯이 아브람을 떠난 후에 여호와께서 아브람에게 이르시되 너는 눈을 들어 너 있는 곳에서 북쪽과 남쪽 그리고 동쪽과 서쪽을 바라보라 보이는 땅을 내가 너와 네 자손에게 주리니 영원히 이르리라 내가 네 자손이 땅의 티끌 같게 하리니 사람이 땅의 티끌을 능히 셀 수 있을진대 네 자손도 세리라 너는 일어나 그 땅을 종과 횡으로 두루 다녀 보라 내가 그것을 네게 주리라 이에 아브람이 장막을 옮겨 헤브론에 있는 마므레 상수리 수풀에 이르러 거주하며 거기서 여호와를 위하여 제단을 쌓았더라"(창 13:1~18).

"저녁 때에 그 두 천사가 소돔에 이르니 마침 롯이 소돔 성문에 앉아 있다가 그들을 보고 일어나 영접하고 땅에 엎드려 절하며 이르되 내 주여 돌이켜 종의 집으로 들어와 발을 씻고 주무시고 일찍이 일어나 갈 길을 가소서 그들이 이르되 아니라 우리가 거리에서 밤을 새우리라 롯이 간 청하매 그제서야 돌이켜 그 집으로 들어오는지라 롯이 그들을 위하여 식탁을 베풀고 무교병을 구우니 그들이 먹으니라 그들이 눕기 전에 그 성 사람 곧 소돔 백성들이 노소를 막론하고 원근에서 다 모여 그 집을 에워싸고 롯을 부르고 그에게 이르되 오늘 밤에 네게 온 사람들이 어디 있느냐 이끌어 내라 우리가 그들을 상관하리라 롯이 문 밖의 무리에게로 나가서 뒤로 문을 닫고 이르되 청하노니 내 형제들아 이런 악을 행하지 말라 내게 남자를 가까이 하지 아니한 두 딸이 있노라 청하건대 내가 그들을 너희에게로 이끌어 내리니 너희 눈에 좋을 대로 그들에게 행하고 이 사람들은 내 집에 들어왔은즉 이 사람들에게는 아무 일도 저지르지 말라 그들이 이르되 너는 물러나라 또 이르되 이 자가 들어와서 거류하면서 우리의 법관이 되려 하는도다 이제 우리가 그들보다 너를 더 해하리라 하고 롯을 밀치며 가까이 가서 그 문을 부수려고 하는지라 그 사람들이 손을 내밀어 롯을 집으로 끌어들이고 문을 닫고 문 밖의 무리를 대소를 막론하고 그 눈을 어둡게 하니 그들이 문을 찾느라고 헤매었더라 그 사람들이 롯에게 이르되 이 외에 네게 속한 자가 또 있느냐 네 사위나 자녀나 성 중에 네게 속한 자들을 다 성 밖으로 이끌어 내라 그들에 대한 부르짖음이 여호와 앞에 크므로 여호와께서 이 곳을 멸하시려고 우리를 보내셨나니 우리가 멸하리라 롯이 나가서 그 딸들과 결혼할 사위들에게 말하여 이르기를 여호와께서 이 성을 멸하실 터이니 너희는 일어나 이 곳에서 떠나라 하되 그의 사위들은 농담으로 여겼더라 동틀 때에 천사가 롯을 재촉하여 이르되 일어나 여기 있는 네 아내와 두 딸을 이끌어 내라 이 성의 죄악 중에 함께 멸망할까 하노라 그러나 롯이 지체하매 그 사람들이 롯의 손과 그 아내의 손과 두 딸의 손을 잡아 인도하여 성 밖에 두니 여호와께서 그에게 자비를 더하심이었더라 그 사람들이 그들을 밖으로 이끌어 낸 후에 이르되 도망하여 생명을 보존하라 돌아보거나 들에 머물지 말고 산으로 도망하여 멸망함을 면하라 롯이 그들에게 이르되 내 주여 그리 마옵소서 주의 종이 주께 은혜를 입었고 주께서 큰 인자를 내게 베푸사 내 생명을 구원하시오나 내가 도망하여 산에까지 갈 수 없나이다 두렵건대 재앙을 만나 죽을까 하나이다 보소서 저 성읍은 도망하기에 가깝고 작기도 하오니 나를 그곳으로 도망하게 하소서 이는 작은 성읍이 아니니이까 내 생명이 보존되리이다 그가 그에게 이르되 내가 이 일에도 네 소원을 들었은즉 네가 말하는 그 성읍을 멸하지 아니하리니 그리로 속히 도망하라 네가 거기 이르기까지는 내가 아무 일도 행할 수 없노라 하였더라 그러므로 그 성읍 이름을 소알이라 불렀더라 롯이 소알에 들어갈 때에 해가 돋았더라 여호와께서 하늘 곧 여호와께로부터 유황과 불을 소돔과 고모라에 비 같이 내리사 그 성들과 온 들과 성에 거주하는 모든 백성과 땅에 난 것을 다 엎어 멸하셨더라 롯의 아내는 뒤를 돌아보았으므로 소금 기둥이 되었더라 아브라함이 그 아침에 일찍이 일어나 여호와 앞에 서 있던 곳에 이르러 소돔과 고모라와 그 온 지역을 향하여 눈을 들어 연기가 옹기 가마의 연기같이 치솟음을 보았더라 하나님이 그 지역의 성을 멸하실 때 곧 롯이 거주하는 성을 엎으실 때에 하나님이 아브라함을 생각하사 롯을 그 엎으시는 중에서 내보내셨더라 롯이 소알에 거주하기를 두려워하여 두 딸과 함께 소알에서 나와 산에 올라가 거주하되 그 두 딸과 함께 굴에 거주하였더니 큰 딸이 작은 딸에게 이르되 우리 아버지는 늙으셨고 온 세상의 도리를 따라 우리의 배필 될 사람이 이 땅에는 없으니 우리가 우리 아버지에게 술을 마시게 하고 동침하여 우리 아버지로 말미암아 후손을 이어가자 하고 그 밤에 그들이 아버지에게 술을 마시게 하고 큰 딸이 들어가서 그 아버지와 동침하니라 그러나 그 아버지는 그 딸이 눕고 일어나는 것을 깨닫지 못하였더라 이튿날 큰 딸이 작은 딸에게 이르되 어제 밤에는 내가 우리 아버지와 동침하였으니 오늘 밤에도 우리가 아버지에게 술을 마시게 하고 네가 들어가 동침하고 우리가 아버지로 말미암아 후손을 이어가자 하고 그 밤에도 그들이 아버지에게 술을 마시게 하고 작은 딸이 일어나 아버지와 동침하니라 그러나 아버지는 그 딸이 눕고 일어나는 것을 깨닫지 못하였더라 롯의 두 딸이 아버지로 말미암아 임신하고 큰 딸은 아들을 낳아 이름을 모압이라 하였으니 오늘날 모압의 조상이요 작은 딸도 아들을 낳아 이름을 벤암미라 하였으니 오늘날 암몬 자손의 조상이었더라"(창 19:1~38).

(1) 치명적인 롯의 5가지 실수
① 강조(Emphasis) : 그는 영적인 번영보다는 재정적인 것을 강조하는 삶의 자리에 있었다(창 13:8~11).
② 환경(Environment) : 그는 자신의 가족들이 소돔 땅에 살기를 원했고 소돔 사람들과는 같지 않기를 바랐다(창세기 13:12~13).
③ 기대(Expectation) : 그는 값을 지불하지 않고도 사회를 변화시킬 수 있다고 생각하였다(창 19:1~11).
④ 본보기(Example) : 그는 가족들이 그의 라이프스타일 대신에 그의 말을 받아들일 것이라고 기대하였다(창 19: 12~14).
⑤ 장애물(Entanglement) : 그는 세상이 얼마나 그들을 유혹하는지를 깨닫지 못하였다(창 19:12~26).

롯은 위의 다섯 가지 실수들을 깨닫고 바로 잡았어야 했다. 그러나 롯은 그러한 것들을 받아들이려 하지 않았고 서서히 영적 빈혈로 인하여 표류하기 시작하였다. 그는 점차 하나님의 음성을 듣는 일에 가슴이 무디어져 갔다. 그는 마지막 몇 분까지도 자신의 죽음이 임박하였음을 보지 못하였던 것이다.

롯이 행한 이러한 일들은 내게 캐나다 북부 지방에서 에스키모들에 의하여 죽어 가는 늑대들을 상기시켜주었다. 에스키모들은 동물의 피를 묻힌 외투로 날카로운 칼을 덮고 그것을 얼린다. 외투가 얼자마자 그와 같은 과정을 몇 번이고 반복하게 되는데 피 묻은 코트가 칼날과 같이 스스로 서게 될 때까지 그렇게 하는 것이다. 그 다음에 차가운 땅 바닥에 칼날이 위로 향하도록 세워둔다. 밤이 되면 늑대들은 피 냄새를 맡고 얼어붙은 피를 혀로 핥기 시작하게 된다. 늑대는 마지막 남은 한 방울의 피까지도 욕심을 내서 날카로운 칼날을 핥다가 그 칼날에 자신의 혀가 잘리는 것도 깨닫지 못하고 결국은 자신의 모든 피를 쏟게 되는 것이다. 그 다음 날 아침에 도착한 에스키모들은 피를 흘리며 죽어 있는 늑대를 발견하게 되는 것이다.

이처럼 끔찍한 비유를 자세히 말하는 것을 이해하여 주기 바란다. 롯이 자신의 죄로 인하여 또 자신의 모습을 보지 못함으로 인하여 이 늑대와 같이 될 수 있다는 생생한 비유다. 이처럼 하나님의 목적을 상실하게 될 때 세상적인 욕망과 자신의 계획으로 인하여 스스로 무너질 수 있다.

당신의 생각을 정리해서 적어보세요.

당신은 왜 롯이 가정에서 그 자신의 책임을 완전히 망각하고 그의 공동체를 위한 '보이는 것'에 사로 잡혀 있다고 생각하는가?

롯이 가족들의 영적 성장에 신경 쓰지 않았다고 하는 분명한 증거가 무엇인가?




소돔 사람들을 향한 롯의 행위는 그의 병든 영적 상태를 보여준다. 그는 가족들의 영적 상태에 대하여 무감각하였을 뿐만 아니라 소돔 사람들과 같이 변태적인 사람이 되어버렸다. 그는 무엇을 피해야만 하였는가?




이 책을 읽은 사람들이 각자 가정에서 제사장으로서의 삶을 산다면 어떠한 일들이 일어날지 잠시 동안 상상해 보기를 바란다.

당신이 제사장으로서 살아가게 된다면 가족에게 어떠한 영향을 주게 될 것인가? 교회에는 어떠한 영향을 주게 될 것인가? 또한 당신의 공동체에는 어떠한 영향을 주게 될 것인가? 그러한 효과를 거두기 위하여 많은 인원이 필요한 것은 아니다.

부흥사였던 존 웨슬리(John Wesely) 목사는 그가 일으킨 '감리교회 운동'의 결과 영국 안에 있던 술집들 가운데 80퍼센트 정도가 문 닫는 것을 보았다. 당시에 이 감리교회의 운동에 참여한 사람들은 단지 1.5~2%에 불과했다. 이러한 숫자는 그리 많은 수가 아니다.

우마이(Umai)는 인도(India) 테네벨리(Tinnevelly) 지역에서 혁명을 이끌었던 인물이다. 그의 혁명이 대단하게 여겨지는 것은 우마이가 오직 수화를 통해서만 언어를 전달할 수 있는 귀머거리였으며 또한 말 못하는 벙어리였기 때문이었다. 그를 비평하는 사람들은 이렇게 말하였다. "광신자의 힘은 예언할 수가 없다." 그러나 나는 이렇게 말하고 싶다. "비전을 가진 사람의 능력은 예측할 수가 없다."

## 4. 제사장직을 수행하는 데 필요한 네 가지

나는 영적인 지도력을 연구하는 일에 나의 인생의 많은 시간들을 할애하였으나 아직도 많은 문제들에 사로잡혀 있다. 그러나 당신이 당신의 가족과 파트너에게 제사장의 직임을 수행하려 한다면 다음과 같은 네 가지가 꼭 필요하다. 각각의 분야에 있어서 당신의 상태를 1에서 10 사이에 각각 표시하여 보라.

1. 당신은 반드시 당신 자신을 믿고 사랑하여야 한다.

   1     2     3     4     5     6     7     8     9    10

2. 당신은 반드시 당신의 가족을 믿고 사랑하여야 한다.

   1     2     3     4     5     6     7     8     9    10

3. 당신은 반드시 당신의 역할을 믿고 사랑하여야 한다.

    1     2     3     4     5     6     7     8     9     10

4. 당신은 반드시 당신의 주님을 믿고 사랑하여야 한다.

    1     2     3     4     5     6     7     8     9     10

---

당신이 개선해야 할 문제는 어떤 것이 있는가? 이러한 문제들의 개선을 위하여 당신은 어떤 계획을 가지고 있는가?

---

이제 나는 제사장 직을 수행하는 당신을 격려하려고 한다. 하나님께서는 당신을 제사장으로 부르셨는데 이는 절대적으로 당신이 감당할 수 있는 것들이다. 그것은 짜릿한 모험이긴 하지만 당신이 감당하기 어려울 정도로 복잡하거나 과도하게 압도적인 것은 아니다.

제사장의 역할은 근심의 원천이 아니라 오히려 기쁨이 되는 것이다. 이것은 인간적이며 현실적인 것이다. 그리고 자연스러운 것이다. 나는 이 역할을 가장 성공적으로 해내는 영적 지도자들을 알고 있다. 그들은 따뜻하고, 아주 현실적인 분들이다. 하나님께서는 당신을 당신 자신이 되도록 부르셨지 다른 사람이 되도록 부르신 것이 아니다. 하나님께서는 당신의 모든 실패와 좌절과 서투름과 함께 당신이 가지고 있는 능력으로 이 역할을 수행할 수 있도록 당신을 부르셨다. 이처럼 균형 잡힌 관점을 유지해야 한다.

당신의 가족들은 인위적인 경건성을 보여주는 것보다는 이처럼 진실한 모습으로 접근하는 것을 더욱 좋아할 것이다. 당신 자신에게 웃을 수 있는 자세를 배워야 한다. 지도자로서 내가 배운 교훈 중 하나는 내 자신에 대하여 너무 신중해지지 않는다는 것이다. 이 말이 무슨 뜻인지 이해하겠는가? 신중하게 하나님과 하나님의 사역을 선택하는 것과 당신 자신을 신중하게 선택하는 것은 커다란 차이가 있다. 만약 우리가 정직하다면 나는 내가 영적 지도력에 관하여 생각해 보기 오래전에 이미 이러한 결정을 내렸을 것이다. 비록 내가 목사일지라도 나의 삶을 돌이켜 보면서 내가 처한 유쾌한 상태에 대하여 나는 웃게 될 것이다.

내가 오클라호마의 북부지방에서 신학을 공부하던 어느 날 저녁 교회에 가기 위하여 친구의 자동차를 빌려 탄 일이 있었다. 나의 차는 그 해 내내 수리를 위해 정비공장에 들어가 있었다. 집으로 돌아올 때에는 눈이 온 뒤에 길이 얼어서 매우 미끄러웠다. 이미 늦은 시간이었으므로 나는 캠퍼스에서 주차할 수 있는 공간을 찾으려고 애를 썼다.

잠시 후에 주차 공간을 발견한 나는 뛸 듯이 기뻤으나 주차 공간으로 들어가려 할 때 자동차의 앞바퀴가 얼음 위에 붙어버린 것을 발견하였다. 그러한 상황 아래서 내가 어떻게 하였는가를 기억하는 것은 괴로운 일이다. 나는 따뜻한 샌디에이고 출신이다.

한참을 끙끙대다가 자동차를 미끄러운 얼음 위에서 꺼내려면 자동차의 앞과 뒤에 돌을 놓아야 된다고 배운 사실을 기억해냈다. 그래서 나는 밖으로 나와서 돌을 찾아 놓고 마침내 얼음 위에서 자동차를 꺼낼 수 있었다. 그러나 그때 나는 그 차가 조금 경사진 곳으로 나오게 된다는 사실을 몰랐다. 그곳은 내리막길이었다. 나는 친구에게 빌린 낡고 커다란 쉐보렛 자동차가 천천히 언덕 아래로 굴러가는 모습을 멍하니 바라보고 있어야만 하였다. 잠시 후 이 차는 아래로 빠르게 곤두박질쳤다.

이보다 좋은 소식과 나쁜 소식이 더 있다. 좋은 소식은 내가 이 차의 범퍼를 잡았다는 것이고, 나쁜 소식은 내가 온 힘을 다해 그 차의 범퍼를 잡고 있었지만 이미 얼어붙은 땅 위를 굴러가는 차에 질질 끌려가게 되었다는 것이다. 그날 친구의 쉐보렛 자동차는 그 지역에서 가장 비싼 스포츠 자동차를 들이받고 말았다. 친구의 차가 언덕 아래로 굴러 내리며 정확하게 그 차의 뒷부분을 들이받았던 것이었다. 지금도 기억하는 것은 내 차만 아니라 내가 빌려 탄 친구의 차와 가장 값이 비싼 스포츠 자동차 모두가 자동차 정비공장에 들어가게 되었다는 것이다.

자, 이제 당신 자신에 대하여 갑자기 좋게 느낄 수 있겠는가? 이때 내가 할 수 있는 가장 좋은 반응은 나 자신에 대하여 웃는 것이다.


## 5. 제사장직의 실제적 보기

영적 지도력에 있어서 제사장직에 관한 결론을 이끌어 내기에 앞서서 나는 당신이 어떻게 하면 제사장의 두 가지 기능을 수행할 수 있을 것인가에 대한 몇 가지 실제적인 제안들을 주고 싶다. 이러한 제안에 적합한 종합적인 리스트는 없다. 그렇지만 다음의 제안들은 당신에게 몇 가지 좋은 아이디어들을 줄 것이다. 핵심적인 것은 방법이 아니라 원리다. 당신이 이행하는 이러한 아이디어들은 단지 알고 있는 것 말고 실제로 수행하는 것이 더욱 중요하다.

이 내용들은 당신의 상황에 알맞게 변형 가능한 것들이며, 당신이 결혼을 하였든지 안 하였든지 간에 당신의 일터에서나 교회 혹은 가까운 친구들에게 사용할 수 있는 것들이다. 나는 당신이 다른 사람들의 삶 속에 활동적인 '제사장'이 되도록 도전하기를 권면한다.

## 1) 첫 번째 기능 : 당신의 가족에게 하나님을 대표하라

### (1) 가족에 대한 헌신

이것은 가족들과 더불어 한자리에 앉아서 의미 있고 중요한 문제들을 서로 상의하는 것을 포함한다. 가족들 간에 함께 나눌 수 있는 것들은 가족 개인의 마음 그리고 성경 말씀 같은 것들이다. 기독교 서점에 가보면 활용 가능한 자료들이 풍부하게 전시되어 있다. 이러한 경험은 미래를 위하여 의미 있는 기억과 안전과 힘의 원천이 될 것이다. 이 시간은 다음과 같은 약속 아래 진행되어야 한다.

- 미리 계획을 세우고 의사소통이 잘 이루어져야 한다.
- 규칙적인 경험이 되어야 한다. 가능한 현실적으로 결정하라.
- 모든 사람이 참여하여 논의해야 한다.

### (2) 기도 시간

기도 시간은 저마다 바쁘게 살아가던 가족들이 매일의 이벤트처럼, 하나님과의 관계를 삶의 중심에 놓게 할 수 있다. 이것은 마치 큰 스포츠 행사가 열리기 전에 그곳에 모인 군중이 애국가를 부르면서 조국을 기억하고 영예를 돌리는 것처럼 당신의 삶에 있어서 의미 있는 시간에 하나님과 대화를 나누고 하나님께 기도하는 것과 같다. 창조적인 삶을 살기 위해서는 진부하고도 일상적인 경험들로부터 벗어나야 한다.

나는 매일 저녁 "원을 돌리시오"(Spin the Globe)라는 게임을 하는 한 가족을 알고 있다. 어린이가 원형으로 된 판을 돌리면 화살표가 그 원의 한 지역을 가리키게 된다. 그 판이 돌다가 멈추면 가족들은 그 핀이 가르치는 지역이 어떤 곳이 되었든지 서로 그 나라에 대하여 이야기를 나누고 그 나라를 위하여 기도한다. 이것은 아주 흥미로운 일이다. 가족 기도 시간으로 사용할 수 있는 예를 소개하면 다음과 같다.

- 식사시간 전에
- 여행을 출발하기 전에
- 가족 행사를 시작하기 전에
- 잠자리에 들기 전에

이러한 것은 일상생활 가운데, 특별히 당신에게 중요한 일이 있을 때 당신이 얼마만큼 하나님께 의존하는가에 달려 있다.

### (3) 가족들을 신실한 영향력에 노출시켜라

가족들과 더불어 의미 있는 장소를 방문하거나 가족들에게 영향력 있고 훌륭한 사람들을 만날 기회를 제공하는 것은 가족 구성원들에게 큰 인상을 남기게 된다. 가족들에게 흥미로운 강연자나 훌륭한 목사님, 그리고 열정적인 선교사들을 만나게 하거나 그러한 이벤트에 참여해서 즐거운 추억을 만들어라. 전략적으로 이러한 시기는 대개 열두 살 전후가 좋고, 당신과 함께 하는 이러한 경험들은 자녀의 인생에 있어서 중요한 밑거름이 될 것이다.

- 유명한 강사의 강연을 듣게 하라.
- 함께 세미나 혹은 컨퍼런스에 참여하라.
- 영향력 있는 사람들과 더불어 모임을 갖거나 기도하게 하라.

### (4) 그들의 활동에 참여하라

당신이 출석하는 교회가 가족들의 장소가 되게 하라. 당신이 할 수만 있다면 교회의 행사에 같이 참여하라. 축구 경기와 같이 영적인 행사가 아니라도 특별한 부분에 지원하는 열정을 보여주도록 하라. 예수님은 교회가 하나의 몸이자 목적으로 가득 찬 연합으로 그들의 삶과 가족을 세우는 사람이 되도록 계획하셨다.

- 가족이 낙오되지 않게 하라. 가족과 함께 하라.
- 함께 참여할 수 있는 교회 안의 이벤트를 찾으라.
- 관심을 보이며 가족의 활동을 지원하라.

### (5) 당신 자신이 개인적 훈련의 모델이 되어라

기억해야 할 것이 있다. 당신이 가본 곳 이상으로 당신은 다른 사람을 인도할 수 없다. 만약에 그들을 당신이 가보지 못한 곳에 가게 할 수 있다면 그것은 다른 누군가가 그런 일이 가능하도록 예비한 것이다. 당신은 이미 불리운 노래와 같다. 당신의 삶의 스타일은 음악이며, 당신의 언어는 노랫말과 같은 것이다. 따르는 사람들, 특별히 어린이들은 당신이 부르는 노래의 음계와 노랫말이 일치하지 않으면 혼란을 일으키게 된다. 당신의 믿음은 삶의 모든 부분을 통하여 표현되어야 할 필요가 있다.

- 눈에 보이게 표현하라.

- 언어로 표현이 되어야 한다.
- 약하다는 것도 보여주어라.

나는 한 아버지가 교회 봉사를 하는 동안에 열한 살 된 아들을 강당 밖으로 데리고 나가는 모습을 보았다. 그의 아들은 안절부절못하고 이리저리 왔다 갔다 하며 가까이에 있는 주변 사람들을 방해하였다. 잠시 후에 교회 로비에서 자신의 팔로 어린 아들을 안고 머리를 쓰다듬어주는 그분을 본 나는 마음에 깊은 감명을 받았다. 그 소년은 간질병 환자였던 것이다. 그렇지만 소년의 아버지는 그 일 때문에 어떤 당황한 기색이나 비굴한 모습도 보이지 않았다. 그리고 아들의 귀에 대고 이렇게 속삭이고 있었다.

"나는 너를 사랑해."

남편으로서 아버지로서 이러한 사랑을 베풀 수 있도록 준비시켜 달라고 하는 기도를 얼마나 하였던가? 그러나 자신이 먼저 사랑을 받지 못하면 가족들에게 이러한 사랑을 줄 수 없다. 무엇이든지 받은 것을 우리는 다시 나누고 재생산하게 되어 있다. 갖고 있지 못하면 당신은 그것을 남에게 줄 수 없다.

최근에 나는 큰소리로 우는 청년 때문에 공중 예배에 방해를 받은 일이 있었다. 우리 교회에서 성장한 그 청년은 아버지의 사랑을 전혀 경험해 보지 못하고 자랐다. 그날 아침에 그는 조건이 없으신 하나님의 사랑, 하나님 아버지의 마음을 경험하였던 것이다. 그 청년이 믿음으로 예수를 자신의 구주로 받아들였다고 하지만, 그날의 예배를 통해서 비로소 예수 그리스도와 자신이 진정으로 연결되었음을 체험하였던 것이다. 그날의 예배는 그 동안 드려왔던 예배와는 전혀 다른 예배였다. 그날 그는 얼굴과 얼굴을 대하듯 주님을 만났다. 그날 이후로 청년은 더 나은 신자가 되었을 뿐만 아니라, 좀 더 나은 남편과 아버지의 능력을 갖게 되었다. 이것은 어떻게 재생산이 이루어져야 하는지를 보여주는 좋은 예가 된다.

## 2) 두 번째 기능 : 하나님에게 가족과 배우자의 필요를 보고하라

이 기능은 단순하지만 당신의 역할에서 중요한 활동을 요구한다. 바로 중보기도(intercession)다. 당신은 당신의 가족을 위하여 효과적인 중보기도의 삶을 살도록 부르심을 받았다. 중보기도는 기도 중에서도 가장 높은 기도의 형식이다. 이것은 상대를 위하여 그 사람의 필요를 하나님께 가져가는 것이다. 이것은 하나님의 현존 앞에서 그를 대신하며, 그를 위하여 사실대로 구하는 것을 의미한다. 다음의 내용을 잘 실천하면 당신은 중보기도를 잘 하는 것이다.

- 매일 특별한 기도 시간을 만들어라.
- 혼자 기도할 수 있는 골방을 찾아라.
- 기도제목이나 특별히 필요한 것들을 수첩에 기록하여라.

### (1) 무엇을 위하여 기도할 것인가?

- 하나님의 위대하신 능력이 그들에게 임하도록
- 그들에게 지혜를 주시며 그들의 장래를 위한 결정 위에 하나님의 인도하심이 있도록
- 하나님께서 그들을 사단의 세력으로부터 보호하여 주시도록
- 하나님께서 그들의 영적 눈을 열어주시며 그들의 마음을 부드럽게 지켜주시도록

- 하나님께서 그들에게 갈급한 마음과 하나님을 위한 마음을 주시도록
- 하나님께서 그들에게 주의 자녀로서 자신들의 역할을 발견할 수 있도록 인도하여 주시기를
- 자녀를 위하여 : 장래의 배우자를 인도하시며 잘 성장시켜 주시도록
- 배우자를 위하여 : 부모의 역할을 감당하는 데 있어서 지혜와 영감을 얻을 수 있도록

뉴저지에 살고 있는 한 소년은 해마다 생일이 되면 설렘과 기쁨으로 우편배달부가 가져다주는 특별한 편지를 기다렸다. 중병에 걸려 죽어가는 아버지는 자신의 어린 아들이 성장하는 동안에 남성으로서 아버지에게 인생의 안내나 도움을 받을 수 없다는 사실을 알고 있었다. 그래서 그는 여러 통의 편지를 미리 써 두고 해마다 아들의 생일날 그에게 배달될 수 있도록 주문을 해 놓았다. 그리고 마지막 편지는 아들의 결혼식 날 도착되도록 하고 아버지로서 아들에게 인생의 방향을 가르쳐주는 말과 충고들을 기록하였다. 그의 바람대로 그가 세상을 떠난 후에도 아버지의 영향력은 편지를 통해 오랫동안 남아 있었다.

이것이 또한 중보기도의 능력이다. 당신이 다른 사람을 위하여 믿음으로 드린 기도는 당신의 육신적인 제약을 넘어서 오랫동안 남는 것이다. 결론적으로 말해서 중보기도는 영적 지도자가 지속적으로 해야 할 슬기로운 투자다.

# 9 마지막 조언

❋

　자, 이제 당신은 이 책을 마쳤다. 영적 지도자가 되기 위한 방편으로 이 책을 끝마친 것이다.

　나는 아주 적은 지면에 엄청나게 많은 영역의 내용을 담아보려고 했다. 그래서 깊이 있게 다루지 못하고 주제의 표면만 다룬 것도 있다. 앞으로 훌륭한 분들이 이러한 문제들에 대하여 더욱 깊이 있게 다루어줄 것이라고 확신한다. 사실 나는 유머 작가처럼 이렇게 말하고 싶다.

　나는 당신의 질문에 대하여 성공적으로 답변하지 못한 것을 충분히 깨닫습니다. 정말로 나는 어떤 것도 충분하게 대답하지 못하였다고 느끼고 있습니다. 내가 알게 된 것이 있습니다. 그것은 이러한 새로운 질문들에 내가 답을 하면 할수록 우리가 깨닫지 못하는 문제들을 포함하여 오히려 더 큰 문제에 도달하게 된다는 것입니다.

　이러한 것들을 전부 모아보면 우리는 어떤 면에서 큰 혼란을 느끼게 됩니다. 그러나 내가 분명하게 확신하는 것이 있습니다. 그것은 더 중요한 문제들에 대한 차원 높은 혼란이라는 것입니다.

이제 나는 마지막 조언을 하면서 이 책을 정리하려고 한다. 나는 당신이 이 책의 각 단원에 실린 라이프스타일대로 살아가기를 바란다. 이를 위해 당신은 다음의 내용들을 지속적으로 실천해야 한다.

- 당신에게 영적 지도력의 성장을 지도해준 사람들과의 만남을 계속 유지하여라.
- 각 단원의 마지막 부분에 있는 "라이프스타일 향상시키기"를 복습하여라.
- 파트너에게 당신과의 관계에 있어서 개선되어야 부분을 지속적으로 물어보아라.
- 기도제목 가운데 당신의 영적 지도력의 발전에 관한 항목을 넣고 계속 기도하라.

영적 지도력을 개발하기 위한 당신의 여행은 이 책과 함께 끝나는 것이 아니다. 이제 시작일 뿐이다.